基于大数据背景下
人力资源管理模式创新研究

沙文文 ◎ 著

吉林出版集团股份有限公司

图书在版编目（CIP）数据

基于大数据背景下人力资源管理模式创新研究 / 沙文文著. — 长春：吉林出版集团股份有限公司，2023.10

ISBN 978-7-5731-4370-9

Ⅰ. ①基… Ⅱ. ①沙… Ⅲ. ①人力资源管理－管理模式－研究 Ⅳ. ①F243

中国国家版本馆 CIP 数据核字（2023）第 191491 号

基于大数据背景下人力资源管理模式创新研究

JIYU DASHUJU BEIJING XIA RENLI ZIYUAN GUANLI MOSHI CHUANGXIN YANJIU

著　者	沙文文
出版策划	崔文辉
责任编辑	徐巧智
封面设计	文　一
出　版	吉林出版集团股份有限公司
	（长春市福祉大路 5788 号，邮政编码：130118）
发　行	吉林出版集团译文图书经营有限公司
	（http://shop34896900.taobao.com）
电　话	总编办：0431-81629909　营销部：0431-81629880/81629900
印　刷	廊坊市广阳区九洲印刷厂
开　本	710mm×1000mm　　1/16
字　数	235 千字
印　张	13.5
版　次	2023 年 10 月第 1 版
印　次	2024 年 1 月第 1 次印刷
书　号	ISBN 978-7-5731-4370-9
定　价	78.00 元

如发现印装质量问题，影响阅读，请与印刷厂联系调换。电话 0316-2803040

前　　言

　　目前，大数据研究和应用已经成为信息科技领域的热点，世界各国均高度重视大数据的研究与探索，美国、英国、德国、日本等纷纷从国家战略层面推出研究规划以应对其带来的挑战。然而，纵观国内外大数据领域的研究和应用发展现状可发现，与大数据相关的学术研究大多局限于宏观层面，侧重于大数据的获取、存储、处理、挖掘和信息安全等方面，鲜有从管理学的角度探讨大数据对于现代企业管理的应用价值，对大数据应用于企业人力资源管理的研究则更加匮乏。本书从大数据背景下人力资源管理面临的挑战出发，系统研究大数据背景下人力资源管理创新的诸多命题。

　　人力资源管理创新一直是理论与实务界探讨的热点问题。人力资源管理创新主要包括两个层面：一是人力资源管理理念上的创新；二是人力资源管理实践上的创新。本书重点从人力资源管理实践创新的角度，研究大数据背景下的人力资源管理创新。

　　由于学识水平及经验有限，书中不足之处在所难免，恳切希望广大读者批评指正。

目　　录

第一章 大数据概述

第一节 大数据及其特点

什么叫大数据？在中国最早出版的徐子沛的《大数据》一书中，大数据是指那些大小已经超出了传统意义上的尺度，一般的软件工具难以捕捉、存储、管理和分析的数据。但是，多大的数据才能称得上"大"，并没有普遍适用的定义。他还说，一般认为，大数据的数量级应该是"太字节"的，也就是 2 的 40 次方的。也有专家说，实际上我们没有必要给出一个"大"的具体尺寸，因为随着技术的进步，尺寸会不断增大，而且由于研究领域的不同，"大"的界定也会不一样，没有必要统一。

说大数据是"数据集合"，很好理解；说大数据是"信息技术"，也好理解；说大数据是"服务业态"，就不大好理解了。

当我们讲到大数据的时候，实际上包含三层意思：一是数量很大；二是变化迅速；三是结构复杂。

大数据的重要意义不在于大，而是通过对大数据的搜集、保存、维护与共享，发现新知识，创造新价值，获得新利益，实现大发展。

关于数量大，人们会想到天文学里的描述：浩如星海。根据经济合作与发展组织（Organization for Economic Co-operation and Development, OECD）的计算，当今世界，每秒发送的电子邮件总量高达 290 万件。谷歌公司每天储存数据就有 24PB（IPB 等于 2^{50} 字节），这相当于美国国家图书馆所有纸质出版物所含数据量的上千倍。世界过去 3 年产生的数据量比以往 4 万年还要多。

关于变化迅速，可以把时下的信息洪流与公元 1439 年古登保发明印刷机时的情况做一比较。那时欧洲的信息存量 50 年翻了一番，今天的世界每 3 年就会翻一番。人类第一次破译人体基因密码，辛辛苦苦工作了 10 年，才完成 30 亿对碱基对的排序，而现在 13 分钟即可完成。任何一个正在运行中的数据仓库，分分秒秒都在不停地更新着它的数据，逝者如流水，变化总不停。

关于结构复杂，是指大数据的来源多种多样、数据形式多种多样。不仅有图书、报纸出版物上的，还有银屏、视屏、电影、电视上的；不仅有结构化的，还有大量非结构化的；不仅有来源于汽车导航、购物小票上的，还有来源于各种感应器搜集到的。有人用"数据毛球"形象地描绘它，倒也贴切。

一、大数据重视事物的关联性

大数据有一个重要特点，就是不讲为什么，重视关联性：如果发现了某种关联性，就可以加以利用。凭借自有的卫星信息系统进行商战管理的沃尔玛公司，发现在它们的卖场里，有不少顾客在购买婴儿尿布的同时，都要买上几罐罐装啤酒。这是为什么？不知道。美国人讨论了好长时间也不知道。但是，掌握这种关联性的卖场经理，就可以告诉上架员，要把罐装啤酒与婴儿尿布摆放在一起。这么做，果然提升了这两种商品的销售量。

在人力资源流动方面，国家发改委的研究人员发现了"榨菜指数""方便面指数"，就是它们的销售量与国内劳动力的流动、流量、流向高度重合。

二、大数据的价值重在挖掘

对于大数据，不仅要搜集它，更重要的是挖掘它。挖掘就是分析，目的是从中寻找关系、重点、规律，洞察其发展趋势。这就为管理者提供了莫大帮助。凭借大数据，管理者将可以大幅度提升各行各业管理水平、治理能力。有专家认为，数据挖掘技术主要有关联分析、聚类分析、分类及预测。

三、大数据将颠覆诸多传统

社会科学研究常用的"抽样调查"，曾经被认为是社会文明得以建立的牢固基石。其实，它只是在技术手段受到限制的特定时期，解决特定问题的一种无奈方法。现在，已经可以收集到过去无法收集到的信息，保存与计算也不成问题，所以应该是"样本就等于全部"。而且这样做，比使用抽样调查方法得出的结论要准确得多。

有专家称，大数据将颠覆13个行业。互联网金融就是一个明显的案例。

由于大数据具有"数据充足""抓取力强""刷新及时"的特点，所以，在众多领域能够将人数据化、将岗位数据化、将资源数据化，最终增加产出。这样一来，自然能够引起管理者的高度重视。作为生产产品与提供服务的企业，通过记录、分析、挖掘这些数据，能够发现过去没有发现的问题与规律，从而达到提升人力资源管理效率与组织产出效率的目的。

试举一例：农业发展银行江苏分行紧跟时代潮流，积极探索人力资源管理网络化创新，通过建立网络平台，统筹网络学院，在线考试，员工卡考核，实现了基于大数据的人力资源管理，使组织从过去"经验加感觉"的定性管理，走向了"事实加数据"的定量管理。其重大意义在于迈向了人力资源管理的智慧化。

第二节　大数据的出现

大数据是怎么出现的？当今世界，基本上一切都可以用数字表达，所以叫数字化世界、数字化生存。纸质上的数据只是很小的一部分。我们每天生产的电视电影、录音歌曲、手机拍摄的照片、卫星拍摄的图像，乃至个人计算机上记录的数据，加上数十亿计的感应器搜集到的信息，可以说达到了海量之大。

一、我们每个人都是数据的制造者

一个人打开电视机、走进电梯间、行驶在高速公路，以及下班路上到超市购物打出的小票单据，无不留下数据的足迹。早在很多年前，人们就开始对数据加以利用。例如，航空公司利用数据弄清楚了应该给机票如何确定价位，银行利用数据搞清楚了应该把款项贷给谁。但是直到最近，大数据才成为一种概念，成为人们日常生活的一部分。

谷歌与脸书的出现，使大数据改变了游戏规则。当面对较少用户时储存他们的数据足迹不是困难的事，但是面对超过 10 亿的好友、1 万亿的网页搜索，就不得不创建新的技术来储存、分析激增的数据。它们是想通过分析来找到客户需求，提高其产品的销量。其他公司一起效仿，于是，大数据风生水起。2011 年，麦肯锡公司第一个提出大数据概念。

二、大数据与云计算相辅相成

大数据与云计算又是什么关系呢？微软的一位副总裁解释说，大数据与"云计算"就像一枚硬币的两个面，二者相辅相成。大数据相当于存储有海量信息的信息库；"云计算"相当于计算机和操作系统。如果没有大数据的信息积淀，"云计算"的能力再强大，也没有用武之地。大数据与"云计算"二者结合起来，将给世界带来一场深刻的管理技术革命与社会治理创新，当然，人才管理也包括在内。

三、大数据是量变引起质变的结果

有学者指出，大数据的出现是量变引起质变的结果，而且与人类历史上发生的历次信息革命有关。

每一次信息革命都大大促进了数据的涌现、传播与储存。

大数据的出现还与社交网络的出现有关。社交网络包括硬件、软件、服务及应用。2001 年，Meetup 网站成立，专注于网下交友。这是一个凭兴趣交友的网站，鼓励人们走出家门，去与兴趣相投的人一起聊天、交友、学习。2002 年，Frenster 上线，它是规模达到 100 万人的社交网络。2004 年，脸书（Facebook）公司成立，每月移动平台用户达到 5.43 亿。随着社交网络用户的不断增加，投资者、广告商、程序开发者都将目光投向这块领地，从而构成一个庞大的网络社会。微博、微信的出现，更使得每个人都是发声者，都可以被关注。信息流动不仅便捷性增强了，而且可追溯以往。

要想弄清大数据与人力资源是怎样结合起来的，还需要了解以下两点：一是企业 2.0 的出现。企业 2.0 的概念是美国学者安德鲁·麦卡菲 2006 年提出的。他认为，企业 2.0 是指在企业内部、企业与其合作伙伴之间、企业与客户之间的成长性社交软件平台的应用，是企业信息化进入了新的阶段，即由 EHP 为核心的信息化，演变为以 ERP+ 企业社交平台的信息化。具体表现在：建立了统一的工作平台；搭建起企业网络社交平台；实现知识管理社会化；建立起企业云档案。有了以上基础，企业内部的一切行为都可转变为数据，以便开展数据挖掘。

二是组织内的数据可以分类。人力资源管理的数据有两大类：一类属于宏观领域，另一类属于微观领域。组织内人力资源管理属于微观领域。在该领域，数据可以分为四类：原始数据，如年龄、学历、专业、工龄、岗位、职务；能力数据，如培训经历、考核记录、参赛结果、奖惩；效率数据，如任务完成效率、坏件率、故障率等；潜力数据，如工效提升率、收入涨幅水平、职称提升频率。

记录、分析、挖掘这些数据，能够发现过去没有发现的问题与规律，全面提升组织效率。

人类社会前进的脚步已经走过了三种社会形态：狩猎采集社会、农耕社会、工业社会，现在已经走进信息社会。信息社会又可分为三个时代：计算机时代

（机器可读，数据可算）、互联网时代（信息传递，信息服务）、大数据时代（生活、工作与思维的大变革）。如今，我们的生活已经迈进大数据时代。

四、需要深刻理解信息时代的三大定律

徐继华等在他们的著作中指出，要想深刻理解大数据，必须从宏观上理解与把握信息时代的三大定律。

第一定律：摩尔定律。1965 年，英特尔创始人之一戈登·摩尔提出。该定律认为，同一面积的集成电路上，可容纳的晶体管数目每 18 个月翻一番，同时，性能提升 1 倍。也就是说，全世界对数据的储存与处理越来越快、越来越方便、越来越便宜。

第二定律：吉尔德定律。乔治·吉尔德提出。这个定律又叫"胜利者浪费定律"。他说，成功的商业运作，总是将价格最低的资源尽可能消费掉，以保留价格昂贵的资源。在蒸汽机时代，当蒸汽机成本低于马匹成本时，聪明的商人总是将蒸汽机投入使用。今天，廉价的资源是计算机及其网络，所以，未来主干网带宽将 6 个月翻一番，再往后，人们可以免费上网，永远在线。

第三定律：麦特卡尔夫定律。麦特卡尔夫是"以太网"的发明人。该定律认为，网络的价值与其用户的平方成正比。也就是说，N 个联结能创造出 N 的平方的效益。这个定律的核心思想是"物以多为贵，上网人数越多，创造的价值越大"。

过去，愿意实行信息共享者被认为是傻瓜；今天，不愿意信息共享者成为没有出路的人。

人类储存信息量的增长速度比世界经济增长速度快 4 倍，而计算机处理能力的增长速度比世界经济增长速度快 9 倍。今天大数据已经成为解决各种世界难题的有力武器。

第三节　大数据的价值取决于什么

既然大数据拥有价值，那么大数据的价值取决于什么？答案是取决于数据的多个维度。大数据的五个维度包括数据的颗粒度、数据的新鲜度、数据的多维度、数据的关联度、数据的规模度。

大数据的利用过程涉及诸多环节：搜集、汇总、保存、管理、分析、呈现。它很像我们以往对能源的利用一样，必须经过开采、汇集、保管、提炼、使用，这样一一对应起来方便理解。数据仓库、数据挖掘、商业智能这些词汇，都可以使人产生联想，打开数据利用的想象空间。

天上有云，地上有网，中间有数据。

也有学者把大数据处理划分为以下四个阶段：

第一，采集。利用多个数据库接受发自客户端的数据，并发数高。

第二，导入、预处理。将数据导入一个集中的大型分布式数据库，做一些简单的清洗和预处理。

第三，统计、分析。对数据进行普通分析和分类汇总。

第四，数据挖掘。无预先设置的主题，在现有数据的基础上进行各种算法的计算，起到预测效果。通常有分类、估计、预测、聚类等几种典型的方法。

第四节　大数据在管理领域的应用价值

一、大数据应用技术

大数据应用于管理，需要的数据挖掘技术有以下三种。

（一）数据仓库技术

数据仓库与数据库是有区别的。

传统数据库的数据少得多，数据仓库则达到 TB 级或 PB 级；传统数据库，管理需要占用很大空间，数据仓库需要很少空间；传统数据库，索引有限，数据仓库索引多种；传统数据库，实时更新，数据仓库定期更新；传统数据库，由事件驱动，数据仓库由数据驱动；传统数据库的重要指标是并发用户的吞吐量，数据仓库的重要指标是查询的吞吐量。

面向主题是数据仓库数据组织的主要原则，主题的抽取按照决策分析对象进行。可以做以下分析：

劳动力市场空位需求、求职对比分析。

就业形势分析（就业群体构成、行业平均工资、稳定性）。

失业形势分析（失业原因、平均失业时间、社会救济额度、二次失业人数）。

显然，这对人力资源宏观管理部门决策是最重要的大数据支持。

（二）聚类分析技术

聚类分析是把一组个体按照相似性归成若干类别，即"物以类聚"。其目的是使属于同一类别的个体之间的距离尽可能小，不同类别的个体间的距离尽可能大。聚类分析可以应用在人力资源管理的绩效考核上，即根据考核指标所得分数将员工分类，以支持调整薪酬、实施培训、控制晋升方面的决策。例如，某公司采用的是360°方法考核。维度有发展员工、关注客户、执行能力、道德品行、团队协调、注重创新6个。每项得分皆来自上级、下级、同级、客户、自我评分的平均值。6分为最高分，1分为最低分。全部采取匿名评分。

还可以选用样本点之间的距离来进行聚类。由于量纲相同，聚类结果就是一棵层次树，可以划分为4层。第一层是一个孤点，一位普通员工；第二层大部分是 A 事业部与 B 事业部的人，业务能力强，得分较高；第三层大部分为职能部门的员工，沟通与组织能力强，善于与人打交道，思维特别活跃；第四层大部分为 A 事业部（研发部门）的基层部门，特点是研发能力强，言语较少，沟通与组织能力一般。

有了这样的分析结果，就可以有针对性地采取不同的培训措施，最大限度地调动起员工的积极性。

（三）决策树技术

近年来，某计算机公司员工流失比较严重，特别是基层销售代表和中层事业部经理这两个群体。这种现象引起了公司领导的重视。人力资源部提出，要寻找原因，找到对策，为领导下一步决策提供数据支持。

在利用数据库分析过程中，经过数据选取、数据清理、数据归纳、数据转换，采用决策树中的 ID3 算法，建立员工分类模型，提出分类规则，发现离职员工的主要特征。公司利用该模型，对搜集到的在职员工数据进行分析预测，挖掘出了潜在的离职员工。依据决策树发现：较之女员工，男员工更容易离职；较之高职称员工，低职称员工更容易离职；较之高龄员工，低龄员工更容易离职；较之低学历员工，高学历员工更容易离职。以上四个属性是离职员工的主要特征。离职员工可能具备一两个属性，也可能具备全部属性，要具体分析，提前消除离职因素，留住关键人才。

专家指出，以往基于心理学原理，将绩效持续下降、考勤异常、疏远团队作为员工离职的前兆。这种方法耗时耗力，主观性强，且员工表现出这些特点时，挽回余地较小。而采用大数据技术，从员工个性、价值取向、职业发展规律、行业特点维度建立数据库和模型，能够提前 2~3 年预测员工离职倾向，有利于提前采取措施，留住人才。

二、大数据在管理领域的应用

大数据在管理领域大有可为。我们可以从以下 8 个方面进行简单介绍：

（一）洞察工作重点

众所周知，任何大城市都有不少井盖，涉及自来水、煤气、污水地下管线等。美国纽约市就有大量井盖，但是，现在那里的工作人员每天只需要打开 50 个井盖就可以保证城市平安运行。为什么？原来他们在每个井盖下面都安装了感应器，实时汇聚各方信息，掌握了重要信息情报，通过自动筛选，就可以掌握工作重点。

（二）洞察未来趋势

谷歌的一支研发团队利用网上搜集来的个人搜索词汇的海量数据，可以提前预测到某些社会事件。因为他们掌握着大数据，所以，这样难办的事情谷歌却做到了，而且比专业机构还要提前，还要准确。

（三）洞察管理规律

汽车发生撞死人的事故，有没有规律性？大数据告诉人们有。例如，在美国，公共交通事故造成死亡的高峰是在每天晚上 6 点到 9 点，而且越是天气炎热，问题越严重。这是大数据介入管理后发现的规律。按此规律，天气越是炎热，晚上 6 点到 9 点越是要小心驾驶，交警越是要加强管理，从而减少事故的发生。

（四）洞察调度奥妙

有些品牌原来没有利用大数据，因此统计速度极慢。数据汇总需要 24 小时。这样，就避免不了乱调度、闹笑话，制造混乱，影响效率。利用大数据后，数据汇总只需 0.67 秒，而且可以实时获得准确数据，进行科学调度。

（五）洞察客户需求

当前，电子商务非常火爆。电商掌握大量商品订单，而且知道好的生产厂家是谁。由于数据在握，所以主动权在握。很多生产厂家都要从电商那里获得订单需求。长此以往，形成"反客为主"之势。

（六）洞察员工表现

国外高科技企业要员工做"工作日志"，就是把你一天的工作都用计算机记录下来。比如，你是几点上班下班的？你在计算机旁学习了几个小时？你的学习进度如何？你问了教练几个问题？你最近与客户联系过多少次？客户的反应如何？等等。这不仅能够反映员工的真实表现，而且可以提前干预，避免绩效下降。

（七）洞察客户诚信

众所周知，银行利润的一个重要来源就是贷款。但是，贷款有风险，最大的风险就是借款收不回来。政府一再要求帮助中小微企业解决贷款困难，而问题就卡在银行无法知道企业经营状况到底如何。现在，有的银行开始与大数据联合，与电商联手。通过第三方电商获取的大数据，了解了企业经营状况，从而提升了贷款准确性，避免了风险。

（八）洞察合适人选

利用大数据找人已经有成熟方法，各行各业都可以做到。现在国外已经开始通过大数据挑选电视剧本的合适演员。整个过程有观众、影视粉丝参与，而且可以预测票房价值。

第五节 大数据思维

一、什么是大数据思维

所谓"大数据思维"，就是由于有了大数据而引发的应该与之相适应的思维方式。也可以说是由于大数据的出现，我们必须跟上这一变化并具备新的思维方式。连玉明主编的大数据著作中说："大数据是一个平等思维的时代，草根也可以成为精英；是一个扁平化的年代，人们需要做出快速反应；我们需要听得见炮火的人来决策；是一个跨界思维的年代，开杂货铺的也可以开银行；是一个场景思维的年代；更是一个共享的年代，我的也是你的。"

二、大数据思维的概念

我们可以从以下几个方面来理解大数据思维的概念。

（一）大数据思维，强调"一切皆可量化"

在管理学上有一个说法，叫作"没有测量就没有管理"。此言极对。可以试想，如果不能把目标变为指标，再把指标转化为数据，任何管理者都难以把管理落到实处，也就不能达到管理的目的。大数据思维强调对东西和事物的量化，是达到管理目的的利器。我国工业化的过程就是精细化的过程，就是量化的过程。这是历史发展的必然。

（二）大数据思维，强调"数据也是生产要素"

在我们以往的职业生涯中，一般人都知道数据比较神秘。走进大数据时代应该认识到，大数据是一种生产要素，它应用于企业生产管理，可以创造价值，可以进一步提高企业生产与服务效益，应用于社会管理，还可以创造出巨大的社会经济效益。

（三）大数据思维，强调数据的完整性

大数据要分析的是全部数据，而不是部分数据。因为人们已经有能力和办法把全部数据搜集、储存起来，进行有目的的处理分析。过去搞社会科学研究往往采用抽样调查法，就是选择样本进行分析，其实那是没办法的办法。现在人们已经可以做到"样本就是全部"。更重要的是，这样做可以获得更准确的结论。

（四）大数据思维，强调数据的复杂性

小数据强调数据的精确性，大数据强调数据的复杂性。因为这样更有利于了解事物的真相，避免因忽略了某些信息而造成决策失误。大数据喜欢用概率说话，而不是板着"确凿无误"的面孔。如果让整个社会适应这种思维，尚需

相当长一段时间。

（五）大数据思维，强调事物的相关性

世界万物的一个基本特点就是相互之间存在某种联系，也就是相关性。但是，人们往往重视它们之间的因果性，而忽视相关性。比如，用逻辑推理，就可以找到事物之间的因果关系。例如，因为掉了一颗铁钉，所以马失前蹄；因为马失前蹄，所以士兵倒地；因为士兵倒地，所以战争失败。但是，对有些事物之间的相关性，人们就不大容易理解了。大数据强调，不要在我们了解以后，才去重视，而要尽快利用这种相关性来创造价值。

（六）大数据思维，强调发现事物的规律性

世间万物都有规律。有时人们感到不好把控，难以描述，那是观察不多、观察不够的结果。大数据思维，重视从多方面搜集信息、多角度分析数据，就比较容易认识到隐藏在事物背后的规律性，因此值得高度重视。从这样的意义上讲，大数据思维能够提升人们对于事物本质的认知，从而有利于更好地认识与改造世界。这也正是辩证唯物主义者所追求的精神境界。

三、我们的差距何在

目前，无论宏观层面还是微观层面，人力资源管理都已经严重地落后于大数据时代的发展。主要表现在以下三个方面。

（一）管理者关注的只是小数据，成井底之蛙

作为数据源，本单位保有的纸质数据只能算很小一部分。例如，任何单位都有的员工档案、考核记录、工资发放表。在大数据洪流已经爆发的今天，社交网络上的数据、核心期刊论文引用的数据、专业论坛上的发言数据等，数量已很大，而且能够极大地弥补本单位数据的不足。但是，管理者对单位之外的数据不知道、看不见，成了不谙世事的井底之蛙，这样的管理是不可能充分发挥人的潜能的。

（二）管理所用数据粗糙，精细化程度不高

我们已有的人事数据大多属于基础数据与能力数据，大多缺乏效率数据与潜力数据。这就难以通过查阅档案来识人用人。即便是通过人事部门的语言介绍，也难以将一个人的优缺点描述清楚。用大数据的概念讲，就是数据的颗粒度太大，精细化程度不高。精细化依靠的是"细分"，细分才能做到管理上的精准。

（三）日常管理仅限于领导驱动，缺乏数据驱动

当前的人力资源管理基本上都是领导驱动的。如果有了大数据思维，就可以主动思考问题，研判形势，提出建议。而且，只有这样，才能使人力资源管理从被动执行型转变为主动行动型。数据本身是不会思考的，但是掌握大数据方法的人是能够通过数据发现问题的。过去，管理有两个层面：一是战略层面，二是战术层面。人力资源管理总是在战术层面绕圈子，就是因为其思维上升不到战略层面。当前，重视大数据是提升管理层次的一个大好时机。数据驱动的本质是智能化，能够对未来进行前瞻，做到未雨绸缪，防患于未然。

大数据时代背景下的人力资源管理，应该跟上时代的要求，实现转型升级，实现精准化、迅捷化、智能化、个性化。

第二章 人力资源管理概述

第一节 人力资源管理的基本概念

一、人力资源的概念与特征

资源泛指社会财富的源泉，是能给人带来新的使用价值的客观存在物，在管理中，"人、财、物"中的"人"即人力资源。现代管理科学普遍认为，经营好企业需要四大资源：人力资源、经济资源、物质资源、信息资源。而在这四大资源中，人力资源是最重要的资源，它是生产活动中最活跃的因素，被经济学家称为第一资源。

（一）人力资源的概念

人力资源的观点起源于20世纪60年代。人力资源是与自然资源或物质资源相对的概念，是指一定范围内人口总体所具有的劳动能力的总和，是指一定范围内具有为社会创造物质和精神财富、从事体力劳动和智力劳动的人们的总称。

对这一概念进行进一步解释。

①人力资源是以人为载体的资源，是指具有智力劳动能力或体力劳动能力的人们的总和。

②人力资源是指一个国家或地区有劳动能力的人口总和。

③人力资源与其他资源一样也具有物质性、可用性、有限性、归属性。

④人力资源既包括拥有成员数量的多少，也包括拥有成员的质量高低。它是存在于人体中以体能、知识、技能、能力、个性行为等特征为具体表现的经济资源。

（二）人力资源的特征

1. 开发对象的能动性

人力资源在经济活动中是居于主导地位的能动性资源，这与自然资源在开发过程中的被动地位截然相反。劳动者总是有目的、有计划地运用自己的劳动能力，能主动调节与外部的关系，具有目的性、主观能动性和社会意识性。劳动者按照在劳动过程开始之前已确定的目的，积极、主动、创造性地进行活动。能动性也是人力资源创造性的体现。

2. 生产过程的时代性

人是构成人类社会活动的基本前提。不同的时代对人才需求的特点不同，在其形成的过程中会受到外界环境的影响，从而造就不同时代特点的人力资源。例如，战争年代需要大量军事人才，而和平年代需要各种类型的经济建设和社会发展方面的人才。

3. 使用过程的时效性

人力资源的形成、开发、使用都具有时间方面的制约性。作为人力资源，人能够从事劳动的自然时间又被限定在其生命周期的中间一段，不同的年龄阶段，劳动能力各不相同。无论哪类人，都有其最佳年龄阶段和才能发挥的最佳期。所以开发和利用人力资源要讲究及时性，以免造成浪费。

4. 开发过程的持续性

物质资源一次开发形成最终产品后，一般不需要持续开发。人力资源则不同，需要多次开发、多次使用。知识经济时代，科技发展日新月异，知识更新速度非常快，人力资源一次获取的知识能量不能够维持整个使用过程，需要不断积累经验，通过不断学习，更新自己的知识，提高技能，增强自我能力。这就要求人力资源的开发与管理要注重终身教育，加强后期培训与开发，不断提高其知识水平。因此，人力资源开发必须持续进行。

5. 闲置过程的消耗性

人力资源具有两重性，它既是价值的创造者，又是资源的消耗者。人力资源需要维持生命必不可少的消耗，同时具有使用过程的时效性。资源闲置，无论是对组织还是对个体都是一种浪费。

6. 组织过程的社会性

人力资源活动是在特定社会组织中的群体活动。在现代社会中，在高度社会化大生产的条件下，个体要通过一定的群体来发挥作用，合理的群体组织结构有助于个体的成长及高效地发挥作用，不合理的群体组织结构则会对个体构成压力。人力资源的形成、使用与开发受到社会因素的影响，包括历史、文化、教育等多方面。这就对人力资源管理提出了要求：既要注重人与人、人与团体、人与社会的关系协调，又要注重组织中团队建设的重要性。

二、人力资源管理的概念与特点

（一）人力资源管理的概念

人力资源管理是对人力资源的获取、使用、保持、开发、评价与激励等方面进行的全过程管理活动，通过协调人与事的关系，处理人与人的矛盾，充分发挥人的潜能，使人尽其才、物尽其用、人事相宜，从而达到人力资源价值的充分发挥，以实现组织的目标和个人的需要。对于概念的进一步理解：①人力资源管理包括对人力资源进行量的管理和质的管理两方面。一方面，通过获取与整合，满足组织对人员数量的要求；另一方面，通过对人的思想、心理和行为进行有效管理，充分发挥人的主观能动性，以达到组织目标。②人力资源管理要做到人事相宜。即根据人力和物力及其变化，对人力资源进行招聘、培训、组织和协调，使两者经常保持最佳比例和有机结合，使人和物都发挥出最佳效益。③人力资源管理的基本职能包括获取、整合、激励、调控和开发，通过这一过程完成求才、用才、育才、激才、护才、留才的整个管理过程，这也是人力资源管理的六大基本任务。

（二）人力资源管理的特点

人力资源管理是一门科学，它具有以下特点。

1.人力资源管理是一门综合性的科学

人力资源管理的主要目的是指导管理实践活动。而当代人力资源管理活动影响因素较多，内容复杂，仅掌握一门知识是不够的。它综合了经济学、社会学、人类学、心理学、统计学、管理学等多个学科，涉及经济、政治、文化、组织、心理、生理、民族、地缘等多种因素。只有综合性的人力资源管理措施，才能实现一个企业或组织健康、持久的发展。

2.人力资源管理是一门实践性很强的科学

人力资源管理是通过对众多的管理实践活动进行深入分析、探讨、总结，并在此基础之上形成理论的科学，而产生的理论直接为管理实践活动提供指导，并且接受实践检验。

3.人力资源管理是具有社会性的科学

人力资源管理是一门具有社会性的科学，其内容和特点受社会文化、历史、制度、民族等社会因素的影响。所以，对人力资源进行管理，必须考虑人力资源所处的社会环境。不同社会环境中的人力资源管理活动有着不同的规律，形成的管理理论也有其自身的特殊性。

4.人力资源管理是具有发展性的科学

人力资源管理处于不断发展完善的过程中，有些内容还要进行修改，还需要一个不断深入的认识过程，使之能够更有效地指导实践。人力资源管理的发展到目前为止经历了手工业制造、科学管理理论、人际关系运动、行为科学和学习型组织五个阶段。

三、人力资源管理的基本职能

人力资源管理的基本职能有以下几个方面。

（一）获取

人力资源管理根据组织目标确定所需的人员条件，通过规划、招聘、考试、测评、选拔，获取组织所需的人力资源。获取是人力资源管理工作的第一步，是后面四种职能得以实现的基础，主要包括人力资源规划、职务分析、员工招聘和录用。

（二）整合

整合是使被招收的员工了解企业的宗旨和价值观，使之内化为他们自己的价值观。通过企业文化、信息沟通、人际关系和谐、矛盾冲突的化解等有效整合，使企业内部的个体目标、行为、态度趋向企业的要求和理念，使之形成高度的合作和协调，发挥集体优势，提高企业的生产力和效益。

（三）激励

激励是指给予为组织做出贡献的员工奖酬的过程，是人力资源管理的核心。根据对员工工作绩效进行考评的结果，公平地向员工提供与他们各自的贡献相称的合理的工资、奖励和福利。设置这项基本职能的根本目的在于增强员工的满意感，提高其劳动积极性和劳动生产率，进而提高组织绩效。

（四）调控

调控是对员工实施合理、公平的动态管理的过程，是人力资源管理的控制与调整职能。它包括：①科学、合理的员工绩效考评与素质评估；②以考绩与评估结果为依据，对员工采用动态管理，如晋升、调动、奖惩、离退、解雇等。

（五）开发

开发是人力资源开发与管理的重要职能。人力资源开发是指对组织内员工素质与技能的培养与提高，是提高员工能力的重要手段。它包括组织和个人开发计划的制订、新员工的工作引导和业务培训、员工职业生涯的设计、继续教育、员工的有效使用及工作丰富化等。

四、人力资源管理的目标与意义

（一）人力资源管理的目标

人力资源管理目标是指企业人力资源管理需要完成的职责和需要达到的绩效。人力资源管理既要考虑组织目标的实现，又要考虑员工个人的发展，强调在实现组织目标的同时实现个人的全面发展。

1. 改善工作生活质量，满足员工需要

工作生活质量可以被描述为一系列的组织条件和员工工作后产生的安全感、满意度及自我成就感的综合，它描述了工作的客观态度和员工的主观需求。良好的工作生活质量能够使工作中的员工产生生理和心理健康的感觉，从而有效地提高工作效率。

2. 提高劳动生产率，获得理想的经济效益

劳动生产率、工作生活质量和企业经济效益三者之间存在着密切联系。从人力资源管理角度讲，提高劳动生产率是要让人们更加高效而不是更加辛苦地工作。人力资源管理能够有效提高和改善员工的生活质量，为员工提供一个良好的工作环境，以此降低员工流动率。通过培训等方法，实现人力资源的精干和高效，提高潜在的劳动生产率，从而获得理想的经济效益。

3. 培养全面发展的人才，获取竞争优势

随着经济全球化和知识经济时代的到来，人力资源日益成为企业竞争优势的基础，大家都把培养高素质的、全面发展的人才当作首要任务。通过对人力资源的教育与培训、文化塑造，可以有效提高人力资源核心能力的价值，获取竞争优势。

（二）人力资源管理的意义

随着知识经济时代的到来，人在组织发展和提高竞争力方面的作用也越来越重要，因而人力资源管理的意义就凸显出来，具体表现如下。

1. 有利于促进生产经营的顺利进行

企业拥有三大资源，即人力资源、物质资源和财力资源，而物质资源和财力资源的利用是通过与人力资源的结合实现的，即人力资源是企业劳动生产力的重要组成部分。只有通过合理组织劳动力，不断协调劳动对象之间的关系，才能充分利用现有的生产资料和劳动力资源，使它们在生产经营过程中最大限度地发挥其作用，形成最优的配置，保证生产经营活动顺利地进行。

2. 有利于调动企业员工的积极性，提高劳动生产率

企业必须善于处理好物质奖励、行为激励及思想教育工作三方面的关系，使企业员工始终保持旺盛的工作热情，充分发挥自己的专长，努力学习技术和钻研业务，不断改进工作，从而达到提高劳动生产率的目的。

3. 有利于减少不必要的劳动耗费

经济效益是指经济活动中的成本与收益的比较。减少劳动耗费的过程，就是提高经济效益的过程。所以，合理组织劳动力，科学配置人力资源，可以促使企业以最小的劳动消耗取得最大的经济成果。

4. 有利于企业实现科学管理

科学而规范的企业管理制度是现代企业良性运转的重要保证，而人力资源的管理又是企业管理中最为关键的部分。如果一个企业缺乏优秀的管理者和优秀的员工，即使拥有再先进的设备和技术，也无法发挥效果。因此，通过有效的人力资源管理，加强对企业人力资源的开发和利用，做好员工的培训教育工作，是企业实现科学管理和现代管理的重要环节。

5. 有利于建立和加强企业文化建设

企业文化是企业发展的凝聚剂和催化剂，对员工具有导向、凝聚和激励作

用。优秀的企业文化可以增进企业员工的团结和友爱，减少教育和培训经费，降低管理成本和运营风险，并最终使企业获得巨额利润。

五、现代人力资源管理与传统人事管理的区别

现代人力资源管理是由传统的人事管理发展进化而来的，但前者较后者的范围更广、内容更多、层次更高。现代人力资源管理与传统人事管理的区别如表 2-1 所示。

（一）产生的时代背景不同

人事管理起源于第一次世界大战期间，是随着社会工业化的出现与发展应运而生的。而人力资源管理是在社会工业化迅猛发展、科学技术高度发达、人文精神日益高涨、竞争与合作不断加强，特别是社会经济有了质的飞跃的历史条件下产生和发展起来的。

（二）对人的认识不同

传统人事管理将人视为等同于物质资源的成本，将人的劳动看作一种在组织生产过程中的消耗，把人当作一种工具，注重的是投入的使用和控制，即人事管理主要关注如何降低人力成本，正确地选拔人，提高人员的使用效率和生产效率，避免人力成本的增加。而人力资源管理把人视为组织的第一资源，将人看作"资本"。这种资本通过有效管理和开发可以创造更高的价值，它能够为组织带来长期的利益。因此，现代人力资源管理更注重对人力的保护和开发。

（三）基本职能不同

传统人事管理基本上属于行政事务性工作，其职能是具体的、技术性的事务管理职能，活动范围有限，短期导向，主要由人事部门职工执行，很少涉及企业高层战略决策。而人力资源管理的职能具有较强的系统性、战略性和时间的长远性。现代人力资源管理与传统人事管理基本职能区别如表 2-2 所示。为实现组织的目标，建立一个人力资源规划、开发、利用与管理的系统，可以提

高组织的竞争能力。因而，现代人力资源管理与传统人事管理的最根本区别在于现代人力资源管理具有主动性、战略性、整体性和未来性，更适合当今全球经济一体化的组织管理模式与发展趋势。

表2-1 现代人力资源管理与传统人事管理的区别

比较项目	现代人力资源管理	传统人事管理
管理视角	广阔的、长期的、未来的	狭窄的、短期的
管理观念	视员工为"社会人" 实施人本化、人格化管理 视人力为组织第一资源 重视人力资源的能动性	视员工为"经济人" 视员工为成本 忽视人力资源的能动性
工作目的	满足员工自身发展的需要，保障组织的长远发展	保障组织短期目标的实现
管理模式	以人为中心	以事为中心
工作性质	战略性、策略性	战术、业务性
工作功能	系统、整合	单一、分散
工作效率	主动、重视人力资源培训与开发	被动、忽视人力资源的开发
工作内容	丰富、复杂	简单
工作地位	管理决策层	工作执行层
工作部门性质	生产与效益部门，获得竞争优势的部门	非生产、非效益部门
与员工的关系	和谐、合作	对立、抵触
与其他部门的关系	帮助、服务、咨询	管理、控制

表2-2 现代人力资源管理与传统人事管理基本职能区别

人力资源管理	传统人事管理
以人为本，人是第一资源	以事为主，人是物质资源
人是开发的主体	人是管理的主体
重视软管理	重视硬管理
是战略管理的伙伴	服务于战略管理
重视个性化管理	重视规范管理
重沟通、协调、理解	重服从、控制
报酬与业绩、能力相关度大	报酬与资历、级别相关度大
培训是福利，是提升人力资本	培训主要是为了组织目标实现的需要

第二节 人力资源管理的基本内容体系

人力资源管理是指企业的一系列人力资源政策及相应的管理活动。这些活动主要包括企业人力资源战略的制定，员工的招募与选拔，培训与开发，绩效管理，薪酬管理，员工流动管理，员工关系管理，员工安全与健康管理等。即企业运用现代管理方法，对人力资源的获取（选人）、开发（育人）、保留（留人）和使用（用人）等方面所进行的计划、组织、指挥、控制和协调等一系列活动，最终达到企业发展目标的一种管理行为。人力资源管理的基本内容包括以下几点：

一、人力资源战略与规划

把企业人力资源战略转化为中长期目标、计划和政策措施，包括对人力资源现状分析、未来人员供需预测与平衡，确保企业在需要时能获得所需要的人力资源（包括数量和质量两个方面）。

二、工作分析与设计

对企业各个工作职位的性质、结构、责任、流程，以及胜任该职位工作人员的素质、知识、技能等，在调查分析所获取相关信息的基础上，编写出职务说明书和岗位规范等人事管理文件。工作分析是人力资源各项工作的基础，工作分析的信息被用来规划和协调几乎所有的人力资源活动。

三、员工招聘与录用

根据人力资源规划和工作分析的要求，为企业招聘、选拔所需要的人力资源并录用、安排到一定岗位上。

四、员工培训与开发

通过培训提高员工个人、群体和整个企业的知识、能力、工作态度和工作绩效，进一步开发员工的智力潜能，以增强人力资源的贡献率，改进组织的绩效。

五、绩效管理

对员工在一定时间内对企业的贡献和工作中取得的绩效进行考核和评价，及时做出反馈，以便提高和改善员工的工作绩效，并为员工培训、晋升、提薪等决策提供依据。

六、薪酬管理

薪酬管理包括对基本薪酬、绩效薪酬、奖金、津贴及福利等薪酬结构的设计与管理，以激励员工更加努力地为企业工作。

七、劳动关系管理

协调和改善企业与员工之间的劳动关系，进行企业文化建设，营造和谐的劳动关系和良好的工作氛围，保障企业经营活动的正常开展。

八、国际人力资源管理

21 世纪的企业将面向全球经营与竞争，要获得竞争优势，企业的人力资源管理工作也必须面对全球化，即在跨国经营环境下，掌握跨国文化背景下企业的人力资源管理问题，掌握影响国际人力资源的环境因素及国际企业人力资源开发与管理的过程。

九、人力资源研究

企业要实现战略目标，管理者必须重视对人力资源管理工作的研究，即通过对企业人力资源管理者诸环节的运行、实施的实际状况、制度建设和管理效果进行调查评估，分析和查找企业人力资源管理工作的性质、特点和存在的问题，提出合理化的改革方案，使员工的积极性和创造性被充分调动起来。

第三节　人力资源管理的渊源和演变

一、人力资源管理的渊源

人力资源管理源于人事管理，而人事管理的起源则可以追溯到非常久远的年代。18 世纪末，瓦特蒸汽机的发明与推广引发了工业革命，改变了以前家族制和手工行会制的生产方式，并出现大量的实行新工厂制度的企业。这些企业在日益激烈的竞争环境中发展壮大，成为 19 世纪初的时代特色。竞争与发展要求这些企业进一步扩大规模，但制约扩大规模的主要"瓶颈"却是企业主们以前从未遇到过的劳工问题。其产生的主要原因在于当时人们不喜欢也不习惯于工厂的劳动方式。工厂工作很单一，一年到头都得按时上班，接受新的监督制度和按机械速度劳动，以及时时刻刻都要全神贯注等。这导致企业很难招到足够的工人，尤其是技术工人。上述劳动问题的解决措施导致福利人事概念的形成和发展。所谓福利人事，即由企业单方面提供或赞助的，旨在改善企业员工及其家庭成员的工作与生活的系列活动和措施。

同样关注劳工问题的泰勒认为，劳动组织方式和报酬体系是生产率问题的根本所在。他呼吁劳资双方都要进行一次全面的思想革命，以和平代替冲突，以合作代替争论，以齐心协力代替相互对立，以相互信任代替猜疑戒备。他建议劳资双方都将注意力从盈余分配转到盈余增加，通过盈余增加，使劳资双方不再为如何分配而争吵。为此，泰勒提出了科学管理原则。泰勒的科学管理思想对人事管理概念的产生具有举足轻重的影响。

一方面，它引起了人们对人事管理的关注，并推动了人事管理职能的发展。

另一方面，科学管理宣扬管理分工，从而为人事管理职能的独立提供了依据和范例。福利人事与科学管理的融合使人们认识到，过去由一线管理人员直接负责招聘、挑选任命、培养、绩效考核、薪酬、奖励等工作的做法，已经不能适应企业组织规模扩大的现实，企业要做好对人的管理这项工作，必须要有相应的专业人士，这为人事管理作为参谋部门而非直线部门的出现奠定了基础。

二、人事管理的演进

早期关于人事管理的论文经常发表在《年报》和《管理杂志》上。1916 年，《年报》出版专刊讨论了"工业管理中的人事和雇佣问题"。第一本以"人事管理"为书名的教科书出版于 1920 年。

20 世纪 30 年代的霍桑实验为人事管理的发展开拓了新的方向。霍桑实验证明，员工的生产率不仅受到工作设计和员工报酬的影响，而且受到社会和心理因素的影响。因此，有关工作中人的假设发生了变化，工业社会学、工业关系学、人际关系学和组织行为学等新学科应运而生，推动了人事管理的迅速发展。其主要表现在以下几个方面：

工业社会学将企业作为一个社会系统，研究组织化的员工问题，并强调社会相互作用，要求在各个组成部分之间保持平衡。当这一思想被运用于人事管理领域时，员工参与、工会与管理层合作、员工代表计划等便进入了人事管理研究者与实践者的视野。

工业关系学认为，管理层与工人在关于如何分配由先进的技术化社会所创造的盈余上存在必然的矛盾，而这种工业化冲突的解决不在于人际关系，在于克服管理层和有组织的工人之间的利益和意识形态上的冲突，工业化的和谐只有通过集体的讨价还价以及企业的工业关系专家参与才可能实现。因此，工业关系专家登上了人事管理的舞台，化解劳资冲突、集体谈判等又成为人事管理的职责。

人际关系学以管理应该更多地关心人而不是关心生产力为核心观点，强调管理的社会和人际技能而不是技术技能，强调通过团体和社会团结来重建人们的归属感，强调通过工会、参与领导以及将工厂中的正式组织与非正式组织集合起来使权力平均化。沟通成为人事管理的主要任务和必备技能，员工满意度成为衡量人事管理工作的重要标准。

组织行为学是在人际关系学的基础上形成的管理科学中的一门学科。它着眼于一定组织中的行为研究，重视人际关系、人的需要、人的作用和人力资源的开发利用。这一学科的出现对管理科学的发展产生了重要的影响，使其由以"事"与"物"为中心的管理发展到以"人"为中心的管理；由靠监督与纪律的管理发展到动机激发、行为引导的管理；由独裁式管理发展到参与式管理，它的应用成果得到了普遍的重视。进入20世纪六七十年代，西方涉及人事和工作场所的相关立法急剧增加，并且立法的关注点也从工会与管理层间的问题转向了员工关系。随着各项法律的出台，企业很快意识到，卷入与员工或雇佣有关的司法诉讼的花费巨大。

20世纪80年代是组织持续而快速变革的时代，杠杆收购、兼并、剥离等事件层出不穷，人事管理也进入了企业更高的层次，从关注员工道德、工作满意度转变为关注组织的有效性。高级的人事主管开始参与、讨论有关企业未来发展方向、战略目标等问题，工作生活质量、工作团队组织、组织文化等成为人事管理的重要内容。

三、人力资源管理的发展与成熟

（一）西方人力资源管理的发展历史

西方学者对人力资源管理的发展阶段进行了深入的研究，提出了各自观点。典型的理论包括六阶段论、五阶段论、三阶段论和二阶段论，它们从不同角度揭示了人力资源管理渐进发展的历史。

1.六阶段论

以美国华盛顿大学的弗伦奇为代表，从管理的历史背景出发，将人力资源管理的发展划分为六个阶段。

第一阶段：科学管理运动阶段。

这一阶段以泰勒和吉尔布雷斯夫妇为代表，关注重点主要是工作分析、人员选拔、培训和报酬方案的制订以及管理者职责的划分。

第二阶段：工业福利运动阶段。

在此阶段，企业出现了福利部，设有社会秘书或福利秘书专门负责员工福利方案的制订和实施，员工的待遇和报酬问题成为管理者关心的重要问题。

第三阶段：早期工业心理学阶段。

这一阶段以心理学家雨果·芒斯特伯格等人为代表的心理学家的研究成果，推动了人事管理工作的科学化进程。个人心理特点与工作绩效关系的研究、人员选拔预测效度的提出，使人事管理开始步入科学化的轨道。

第四阶段：人际关系运动阶段。

这一阶段的代表是梅奥等人，由他们发起的以霍桑实验为起源的人际关系运动掀起了整个管理学界的革命，也影响了人力资源管理。人力资源管理开始由以工作为中心转变为以人为中心，把人和组织看成社会系统。此阶段强调组织要理解员工的需要，这样才能让员工满意并提高生产效率。

第五阶段：劳工运动阶段。

雇佣者与被雇佣者的关系一直是人力资源管理的重要内容，到20世纪六七十年代，美国联邦政府和州政府连续颁布了一系列关于劳动和工人权利的法案，促进了劳工运动的发展，人力资源管理成为法律敏感行业。对工人权益的重视，成为组织内部人力资源管理的首要任务。

第六阶段：行为科学与组织理论时代。

进入20世纪80年代，组织管理的特点发生了变化，人的管理成为主要任务。从单个的人到组织，把个人放在组织中进行管理，强调文化和团队的作用，这成为人力资源管理的新特征。

2. 五阶段论

以罗兰（K.M.Rowland）和菲利斯（G.R.Ferris）为代表的学者则从管理发展的历史角度将人力资源管理的发展划分为五个阶段。

第一阶段：工业革命时代。

第二阶段：科学管理时代。

第三阶段：工业心理时代。

第四阶段：人际关系时代。

第五阶段：工作生活质量时代。

五阶段论中关于前四个阶段的划分与六阶段论是一样的。此观点的独特之处，是把工作生活质量作为一个独立的阶段提出来。工作生活质量一般有两种含义，一种是指一系列客观的组织条件及其实践，包括工作的多样化、工作的民主性、员工参与、工作的安全性等；另一种是指员工工作后产生的安全感、满意程度以及自身的成就感和发展感。第一种含义主要强调工作的客观状态；第二种含义主要强调员工的主观需要。将这两种含义结合起来，工作生活质量是指员工在工作中所产生的生理和心理健康的感觉。美国的一项调查研究表明，在辞职的打字员中，有60%是由于工作枯燥无聊，而不是因为工作任务繁重而辞职的。影响工作生活质量的因素有很多，为了提高员工的工作生活质量，企业可以采取一系列措施。

3. 三阶段论

这种观点的代表是福姆布龙、蒂奇和德兰纳，他们从人力资源管理所扮演的角色和所起的作用这一角度把人力资源管理的发展划分为三个阶段。

第一阶段：操作性角色阶段。

在此阶段，人力资源管理的内容主要是一些简单的事务性工作，在管理中发挥的作用并不是很明显。

第二阶段：管理性角色阶段。

人力资源管理在这一阶段开始成为企业职能管理的一部分，承担着相对独立的管理任务和职责。

第三阶段：战略性角色阶段。

随着竞争的加剧，人力资源在企业中的作用越来越重要，人力资源管理开始被纳入企业的战略层次，要求从企业战略的角度来思考人力资源管理的相关问题。

4. 二阶段论

国内学者从人事管理和现代人力资源管理之间的差异性角度，将人力资源管理的发展历史划分为人事管理和人力资源管理两个阶段。

第一阶段：人事管理阶段。

人事管理阶段又可具体分为以下几个阶段：科学管理阶段；霍桑实验和人际关系运动阶段；组织行为学理论的早期发展阶段。

第二阶段：人力资源管理阶段。

人力资源管理是作为替代传统的人事管理的概念提出来的，它重在将人看作组织中一种重要资源来探讨如何对人力资源进行管理和控制，以提高人力资源的生产效率，帮助组织实现目标。人力资源管理阶段又可分为人力资源管理的提出和人力资源管理的发展两个阶段。对人力资源管理的发展阶段进行划分，目的并不在于这些阶段本身，而是要借助于这些阶段来把握人力资源管理整个发展脉络，从而更加深入地理解它。因此，对于阶段的划分并没有绝对的标准和绝对的对错。

（二）我国人力资源管理的发展

自中华人民共和国成立以来，人力资源管理的发展是从单一计划体制下的人事管理到目前多种所有制并存的人力资源管理。

在管理理念上，人力资源管理工作的重心转移到员工的绩效管理、建立现代薪酬体系、营造良好的工作氛围和优秀的企业文化环境等方面，并开始考虑整合企业人力资源。通过工作分析和人才盘点，更加合理地配置企业人力资源；通过加大培训力度，提高员工的工作技能和绩效能力；通过改革和优化薪酬体系，使之更有激励性，提高人力资本的"投资收益"比率。人力资源经理秉持人力资本理念，在企业里倡导和培养重视人才、开发人才、有效配置人才、激励人才的观念，带动整个企业人才观的转变，自身也向人力资源专家的方向迈进。

随着知识经济和全球化时代的到来、经营环境不确定性的加强，以及企业竞争的加剧，人才的作用越来越重要，企业对人才的争夺战也愈演愈烈，人才成为企业竞争的核心，也成为企业核心竞争力的来源。在此条件下，企业人力资源管理就需要与企业战略密切结合，更好地服务于企业战略的实现。基于此，人力资源经理进入了企业的决策层，以专家顾问和战略合作伙伴的身份出现，参与决策，推动变革，使人力资源管理上升到战略人力资源管理阶段。

（三）人力资源管理的未来趋势

21世纪人类社会进入有史以来科技、经济和社会发展最快速的时期。高新技术迅猛发展，信息网络快速普及，对所有的国家、民族和企业来说，既是一次难得的机遇，更是一场严峻的挑战，知识经济将改变每一个现代人的观念和意识。

1.人力资源管理的地位日趋重要

现代企业经营战略的实质，就是在特定环境下，为实现预定目标而有效运用包括人力资源在内的各种资源的策略。有效的人力资源管理，将促进员工积极参与企业经营目标和战略，并把它们与个人目标结合起来，达到企业与员工"双赢"的目的。因此，人力资源管理将成为企业战略规划及战略管理不可分割的组成部分，而不再只是战略规划的执行过程，人力资源管理的战略性更加明显。

2. 人力资源管理的全球化与跨文化管理

组织的全球化，必然要求人力资源管理策略的全球化、人才流动的国际化。也就是说，企业要以全球的视野来选拔人才、看待人才的流动。尤其是加入 WTO 后，我国所面对的是人才流动的国际化；经济全球化、组织的全球化必然带来管理上的文化差异和文化管理问题，跨文化的人力资源管理已成为人力资源领域的热点问题，跨文化培训是解决这一问题的主要工具。

3. 动态化人力资源管理平台得到长足发展

随着全球化、信息化尤其是网络化的发展，动态化网络人力资源管理已经出现并将成为未来人力资源管理的重要发展趋势。随着动态学习组织的发展，通过互联网来进行的组织职业开发活动将越来越多，大量的人力资源管理业务，如网络引智与网络招聘、网络员工培训、网络劳动关系管理等将会越来越成为现实。网络化人力资源管理的开展，必将在管理思想、管理职能、管理流程及管理模式上对传统人力资源管理产生重大影响，使人力资源管理面临日趋激烈的环境变化，人力资源管理的空间被极大拓展，人力资源管理的网络化竞争变得日趋激烈，人力资源管理的途径、方法和策略也随之进行必要的变革。

4. 员工客户化的趋势

员工客户化的关键是员工角色的变化，即员工不再是传统意义上的被管理对象，他们可能变成组织的重要客户。人力资源管理部经理也可能随之转变为"客户经理"，即为员工提供他们所需的各类服务，如具体而详尽地向员工说明组织的人力资源产品和服务方案，努力使员工接受组织的人力资源产品和服务。人力资源管理者要为员工提供富有竞争力的薪酬回报和多元化的价值分享体系，并且要给员工更大的自主选择权，使员工自主性工作，满足员工参与管理的主体意识。在管理措施方面，要为员工的发展和成长提供更多的支持和帮助。

5. 人力资源管理业务的外包和派遣

人力资源管理业务外包是指把原来由组织内部人力资源承担的基本职能，

通过招标方，签约付费委托给市场上专门从事相关服务的组织。在经济全球化冲击下，组织出于降低成本、希望获得专家的高级服务、获得更为广泛的信息以及促进组织人力资源管理的提升等目的，将人力资源管理业务进行外包。目前，人力资源管理业务外包仍处于动态的发展过程中，并呈现以下发展趋势：一是人力资源管理业务外包领域不断扩展，从单项业务的外包发展到多项业务的外包；二是组织聘请专家顾问提供人力资源管理业务外包服务，提高了外包业务的专业水平；三是外包服务商、咨询公司逐步结成业务联盟；四是以人力资源管理业务外包强化组织竞争优势，并促进外包业务朝着全球化方向发展。

人力资源管理业务派遣又称为人力资源租赁，是指由人力资源服务机构向某些需要相关服务的组织提供需要的人力资源管理业务，尤其是急需的各类人才及人力资源管理服务等。人力资源管理业务派遣是与人力资源管理业务外包密切相关的一种发展趋势。如果说"业务外包"是一种主动寻求人力资源管理服务的市场活动，那么"业务派遣"则是一种主动提供人力资源管理服务的市场活动，外包与派遣具有对象的互补关系。

第四节　国际视野下的人力资源管理发展演变与模式比较

一、国际视野下的人力资源管理与企业持续发展

（一）从人事管理到人力资源管理

1913 年，福特公司的人员流动率高达 380%，这对其流水线生产模式构成了极大挑战。1914 年，福特公司实行每天工作 8 小时、工资 5 美元的制度，取代了原来的每天工作 9 小时、工资 2.34 美元的制度。因此，流动率过高的矛盾得到了立竿见影的解决，并吸引了更多的高质量劳动力，从而提高了生产力。福特当时的这一举动并不为世人所理解，但取得的惊人效果连福特

都称之为"我所做出的最明智的降低成本的决策"。这说明即使在对劳动力要求不高的工业化前期,单纯以压缩劳动力成本来获利的手段也并不总是明智的。

尽管如此,对于劳动力是一种创造性资源的看法仍为社会所忽视。因此,德鲁克在提出"人力资源"概念的同时,对当时的人事管理也提出了批评,他认为当时的人事管理存在三种错误的基本认识:①认为员工不想工作;②把人事管理作为专业人员的工作而不是经理的工作;③把人事管理活动看成是类似于"救火队的工作",而非积极的和建设性的工作。不过直到20世纪80年代以前,德鲁克的这些真知灼见影响并不大。虽然像巴克、皮格尔斯、迈尔斯、彼得森等很多学者对人力资源管理进行了进一步拓展性研究,但对其管理实践的影响更多体现在称谓变化上。

进入20世纪80年代,世界发生了一系列的根本性变化,经济全球化日趋明显,技术跃迁呈现非线性模式,劳动就业法规更加完善,发达国家人口转变的完成也导致了年轻劳动力数量的急剧下降。在这一背景下,企业的产业跨度与经营区域跨度均呈现急剧扩大趋势,人力成本在总成本中所占的比例也越来越大,尤其是激烈的竞争导致企业的赢利模式从靠成本、质量取胜转向了靠服务、创新取胜,因而对员工素质以及员工管理均提出了一系列要求,使企业开始真正重视劳动力的资源属性与人性要求,并从企业战略的角度思考员工管理问题,从而推动了人事管理向人力资源管理的转变(对于人事管理与人力资源管理的区别,见表2-3)。

表2-3　人事管理与人力资源管理的区别

	人事管理	人力资源管理
价值取向	视人力为成本,以监督控制和降低成本为使命,以培养员工遵从意识为目标	视人力为资源,以大力开发和充分利用为使命,以促进员工潜能发挥为目标
管理导向	职能导向,关注当前使用成果,忽略管理手段和管理过程	战略导向,注重管理过程与当前成果,关注员工未来发展和对核心竞争力的贡献
管理活动性质	被动反应型	主动开发型
部门性质	非生产、非效益部门	生产与效益部门

续表

	人事管理	人力资源管理
管理层次	执行层	决策层
管理焦点	以事为中心的绩效考核，以提高内部活动的有效性为重点	强调以人为本协调发展的更加全面的管理，以为顾客创造价值为重点
管理对象	员工	劳资双方
管理深度	注重管好现有人员	注重开发和利用与企业相关的所有人力资源的潜能
管理方案	例行的、规范的，主要集中于作业性活动与照料性活动，单兵作战	变化的、挑战的，主要集中于战略性的战术性活动，全方位配合
劳资关系	从属的、对立的，低信任度，单一经济契约	平行的、和谐的，高信任度，利益共同体，包括经济契约与心理契约

从人事管理向人力资源管理转变尽管是一个企业部门管理领域的革命，但是其影响是超越部门乃至企业范围的。首先，它使企业中有得到体现的可能性，尽管实施人力资源管理是企业迫于盈利模式转变和提高经营绩效的组织需要，但是，由此带来的人力资源意识与工作生活质量的提高对整个社会来说具有历史进步意义；其次，人力资源管理模式的转变要求企业对人性假设与管理哲学做出根本性改变，人不再被视作成本，而是能够创造财富的资源乃至资本，从而使整个管理模式发生从以物质资本为核心向以人力资本为核心的彻底改变；最后，改变了社会对工作和劳资关系的认识，在人力资源管理模式中，人事管理人员认为员工工作不仅是为了谋生，更是为了发挥自身潜能、实现自身价值，因而目标管理与自我管理将在很大程度上取代监督与控制，这也要求雇主与雇员、管理者与被管理者的关系做出应有的从对立向协作的调整。

当然，在承认这些进步性的同时，我们也必须看到，这一转变需要一个长期的历史过程。即使是在已经进入后工业化社会的发达国家，这一过程也仍然在继续。从美国 20 世纪 90 年代的个案研究结果来看，人力资源管理模式真正实现转变的公司都是一些大公司或高科技产业公司，这些企业所占的比例仍然很少。英国的情形也大致类似。出现这一情形是可以理解的。学界和企业界对于人力资源管理的认识仅二三十年，世界顶级的商学院——哈佛商学院，也是在1981年才专门开设了"人力资源管理"这一课程。而人力资源管理模式的提出，既是西方学者对于实践中的转变现象进行总结的结果，同时也是对于未来知识社会员工管理模式进行推演的结果。

但是，不管怎么说，这种转变已经发生和正在发生，至少是人力资源意识已经越来越广泛和深刻地影响和渗透到各种类型的企业中。今天，无论是像微软这样的人才密集型的高科技企业，还是像沃尔玛这样的以普通劳动者为主体的服务性企业，都无一例外地强调其人本管理的哲学与人力资源管理的特色，因为它们已经意识到人力资源及其管理水平的差距将决定企业发展的差距。

（二）人力资源管理与企业持续发展

20世纪80年代以来，全球的商业环境越来越复杂多变，企业的成功与繁荣似乎成了昙花一现、转瞬即逝的事。美国波士顿咨询公司曾经对《财富》杂志列出的世界500强企业进行跟踪调查，结果发现，20世纪50年代的500强企业，近一半在20世纪90年代500强企业的名单中消失了；而20世纪70年代列出的500强企业，到90年代也有近1/3在名单中消失了。企业的命运多舛、前景难定，促使经济与管理学界对于企业的绩效差异与"长寿"秘诀进行深入研究，并得出了与杜拉克相近的结论。

早在20世纪30年代末，哈佛大学的梅森和贝恩就提出了"SCP范式"，他们认为企业间绩效的差异是由企业外部的市场结构和市场行为所决定的。在此基础上，波特在20世纪80年代初提出了至今仍然具有深远影响的竞争战略理论，他认为企业竞争成功的关键，在于选择一个具有长期赢利能力的产业并在此产业中取得一个有利的竞争地位，而竞争地位可以通过一定的策略手段如一体化、合谋、市场定位等得以实现，并受到各种形式进入壁垒的保护。

根据波特理论推导出的逻辑结果，企业的竞争优势主要源于企业的产业与市场定位，在一个产业内或细分市场中，所有企业的赢利状况应该是基本一致的。然而，事实并非如此。1972—1992年，美国5家业绩最好的上市公司所处的行业分别是零售、航空、出版和食品加工业，这些行业的显著特点是进入壁垒不高、竞争激烈、破产风行，这也从现实的角度对波特的观点给予了证伪。因此，正如有的学者指出的，"很明显，最重要的超额利润的源泉是企业具有的特殊性，而非产业内的相互关系"。也就是说，企业的绩效差异并非决定于外生性的力量，而是主要取决于企业自身。

20 世纪 80 年代后期，学者们将探索的目光与研究的着眼点从企业外部转移到了企业内部，"企业资源理论"应运而生。然而并非所有的资源都可以成为企业高额利润率的来源，在竞争比较充分的市场上，资源是可以通过市场交易获得的。因此，企业获利的多寡，显然与对大多数企业都具有普遍性的资源之间不存在明显的因果关系。当透过表象从更深层次来思考问题时，人们意识到是隐藏在资源背后的企业配置、开发和保护资源的能力决定了企业绩效的差异，"企业能力理论"也由此得以提出。那么，究竟又是什么决定了企业的能力？什么才是决定企业绩效差异更为根本性的力量呢？这种刨根究底式的追问，促进了"智力资本理论"和"知识管理理论"的产生。

进入 21 世纪，知识经济已经初露端倪，企业价值的主要来源已经从有形资产转向了无形资产，企业竞争优势与获利根源的决定性力量，应当是企业的知识存量以及与此密切相关的核心能力，而这种力量又主要来自知识的载体——企业所拥有的人力资源。因此，追本溯源，人力资源才是决定企业获利与竞争优势的本源性力量。人力资源潜能的大小、释放的程度及持续的时间，将决定企业兴衰的生命周期以及是否具有持续发展能力，而这一切又直接取决于企业的人力资源管理水平。

人力资源是企业持续发展的源泉，人力资源管理水平决定企业发展水平的差距这一观点，已经不仅仅是学界的一种共识，也得到了包括企业界在内的社会各界的广泛认同。全球知名的民意测验和商业调查 / 咨询公司——盖洛普公司，通过对健康企业的成功要素之间的相互关系进行多年的深入研究，建立了一个模型，来描述员工个人表现与公司持续发展和整体增值之间的路径，即著名的"盖洛普路径"。该研究表明，成功的企业只有从发现优势、因才使用入手，练好"软功夫",形成由优秀经理与敬业员工构成的优秀员工队伍,才能赢得忠实客户,获得持续发展,进而获得实际利润增长和股票增值这样的"硬功夫"。

创立于 1989 年的欧洲质量管理基金会,是一家不以营利为目的的会员式组织,是那些在本行业和市场中追求领先地位的组织的基本智慧源泉之一,拥有来自世界各地的 700 个会员组织及有价值的合作伙伴。它创设的欧洲质量奖(现更名为 EFQM 卓越奖),是欧洲最权威和最具信誉的组织卓越奖,这一奖项每年都评选出世界顶尖级的组织。基金会每年授予那些被判定为本行业最佳的组织奖项,最高奖的获得者是在管理方法和所取得的成果方面,被公认为是欧洲或者全球榜样的组织。同时,EFQM 还是 EFQM 卓越模型的创始者和管理者,EFQM 卓越模型为组织提供了达到和衡量成功的指南。而在这一模型中,涉及人力资源管理的"人事管理"与"员工满意度"两项指标,占到了整个分值的 18%。

无独有偶,在美国国家质量奖(鲍德里奇国家质量奖)的评选标准中,"人力资源开发与管理"这项指标的比重也设定在与"EFQM 卓越模型"相近的 15% 的水平上,这说明了对于人力资源管理重要性的共同认识。

而对企业来说,最易被人接受的体现企业价值的指标当属财务指标。1992 年,一家公司股票市值的约 50% 取决于其资产值和财务表现;到了 1997 年,资产和财务表现仅仅决定市值的 20%。以微软公司为例,其不动产、厂房及设备等有形资产自上市之日起就没有超过过其市值的 1/10,一直发展到今天的 4000 亿 ~5000 亿美元规模时,情况还是如此。无论是金融界还是会计界,都比较一致地认为公司市值超过其账面价值的部分,主要是品牌、人力资本这类无形资产的价值。这也直接反映了在知识经济时代,决定企业能否持续发展的更重要的是无形资本,尤其是人力资本。

二、国际视野下的人力资源管理模式比较

（一）日本的人力资源管理模式

1. 日本传统的人力资源管理模式

日本的企业无论大小都非常重视人的作用，是以人为本管理模式的先驱和鼻祖。日本企业界普遍认为，员工积极性的充分发挥，在很大程度上取决于企业内部良好的"人际关系"，因此，企业应当使员工在感情上将企业当作自己的"家"，在利益上愿意与企业"共命运"。"终身雇佣制""年功序列工资制""企业内工会"就是这种观念的产物。这三大制度，不仅被认作促进日本战后经济腾飞的"三大神器"，也被视为日本传统人事制度的显著特征，至今仍被许多企业，特别是大部分制造业保持着。

"终身雇佣制"是指企业在劳动者达到预先规定的退休年龄之前对其进行持续雇佣的制度。如果没有特殊情况（如企业倒闭等），即使是在企业经营困难时期，雇主也往往"说服"工人用降低人均工资、"三个人的饭五个人吃"的办法来"共渡难关"。这一制度的主要优点，首先在于加强了员工对企业的信任感和忠诚度，使员工真正将企业视作"家"；其次也使企业更愿意从长远的角度，加大对员工培训的投入。

"年功序列工资制"是一种把"资历工资"和"能力工资"结合起来的工资制度。年龄的大小和连续工龄的长短，不仅是决定员工工资高低的重要因素，还是决定职务晋升的主要依据。在学历、能力和贡献大小相差不很悬殊的情况下，谁的连续工龄长，谁就会被优先提拔。日本企业界认为，用论资排辈的方法评估员工的工作成就，可以去掉许多评估中的不客观的因素，并有利于团体主义文化的形成和巩固。

"企业内工会"是日本工会组织的一大特征。其做法是只要是本企业的正式职工，不论工种如何都被统一组织在一个工会之中。由于日本企业一般采用

终身雇佣制，所以管理者年轻时为该工会会员是极其普遍的现象。因此，经营管理者与工会成员彼此熟悉、容易沟通，大大减少了恶性冲突发生的可能性。即使出现了矛盾，工会组织也容易达成一致意见，把危机化解于萌芽状态，不至于因跨行业而使矛盾复杂化。"企业内工会"有助于劳资关系的协调和企业的稳定发展。

以这三大制度为基础，日本企业在人力资源管理的各个环节均表现出较为明显的日本特色。

2. 日本传统人力资源管理模式的演进

日本企业传统的人力资源管理模式是一种面向长期利益的模式，其优点是使员工具有安全感、团队精神和敬业精神，有利于企业的长远发展。但是，其缺陷也是明显的，尤其是重资历、忽视能力并且收入差距较小的年功序列工资制，在很大程度上抑制了年轻员工和中高层管理者的工作积极性和创造性。因此，进入20世纪90年代，随着世界高新技术产业的风起云涌，使得日本的传统的人力资源管理模式受到了日益严峻的挑战，变革成了历史的必然。这些变革主要体现在以下方面：

第一，终身雇佣制有所动摇，雇员的流动化倾向加强。据有关统计，在1994年，采取终身雇佣制的企业约占日本企业总数的98.8%，而且现已降为54%左右。现在企业职工主要由留用职工、合同职工和临时工三部分人组成。相应的，企业除了从学校招聘人才外，也开始注重从市场中招聘和吸纳中高级人才。

第二，从年功序列工资制转向能力主义工资制。据一项权威调查，日本引进年薪制的企业大约占三成，并且还有继续上升的趋势。在研究开发成果的处理上，也有不少企业一改过去强调企业利益而忽视个人权益的做法，加大了对在研究开发上有贡献的员工的奖励，实行了浮动奖金制，有的企业甚至提出"对科技发明的奖金上不封顶"。

第三，引进"多通路职业生涯系统"。自20世纪90年代以来，日本企业的低速增长和组织结构的扁平化改革，使企业内部的晋升机会大大减少，白领雇员过剩的问题日趋恶化。为了减轻雇员在职业生涯早期就产生的心理损害和与企业的疏离，很多企业将过去只有在管理职位上晋升这一条通路扩大为可以在多条通路上晋升，最典型的就是增加在技术方面功能性专家的晋升之路。同时，还通过倡导所谓"自由的工作体系"（弹性工作制）和给员工以挑战性的工作等方式，来提高雇员的工作满意度。

第四，在职工培训方面，从重视企业内"通才"的培养拓展到培训跨行业的"复合型人才"。尤其是对于技术人员，为适应技术高度复合化、集成化的形势，企业加大了综合技术培训的力度。有些企业还确立了国际化的培训目标，向职工提出掌握外语和提高处理国际经济事务能力的要求，并为跨国工作轮换创造条件。

（二）美国的人力资源管理模式

1. 美国传统的人力资源管理模式

20世纪70年代中期以后，日本经济的崛起，尤其是制造业对美国同行的强烈冲击，使越来越多的美国企业开始对传统的管理方式，包括人力资源管理模式进行深刻的反思和必要的修改。但是由于文化与国情的差异，历史上形成的美国企业人力资源管理模式的主要特点仍然部分地保存着，在一些中小企业甚至没有多少变化。

第一，市场配置为主。美国是世界上发达的市场经济国家，劳动力市场也非常发达，企业人力资源的获取对劳动力市场的依赖非常强。无论是操作工人还是高层经理，企业一般都采用市场手段，通过劳动力市场或者猎头公司来获得。对于不再需要的人，企业也会不留情面地按照法定程序予以解雇。这就导致了未来的求职者从选择学校和专业时起就开始关注劳动力市场的走向。在就业之后，员工如果对工作或者雇主不满意，也可以随时更换工作。因此，美国实行的是任意就业政策，企业与员工的关系基本上就是短期的市场买卖关系，员工的流动性很大。社会对经常变换工作的人员不仅不歧视，反而认为他们是有能力和具有市场价值的人。

第二，制度化管理。秉承泰勒的科学管理理念，美国企业的管理历来讲究制度化和程序化，在人力资源管理上也不例外，其突出表现就是非常重视工作分析。毫不夸张地说，美国是世界上最重视工作分析的国家之一，全国各行各业有 20000 多种职称。在企业中谁在什么位置或干什么工种，以及每一工种对工作人员的素质与技能的要求、工作岗位的职责等，都有详尽的明文规定。不同位置和工种的工作人员是不能随便交叉使用和"侵权"的。这种分工提高了管理效率，同时为企业的选才、用才提供了公平合理的依据。

第三，注重个人激励的刚性工资制度。美国是一个个人主义盛行的国家，在对员工的激励方面也更多地偏重以个人为激励对象，在工资制度上与日本企业的最大区别是注重个人表现而不是年龄和资历，企业中优秀员工与落后员工之间的工资福利差别相当大。同时，由于工资确定的基础是职务分工，因此CEO 和高级管理人员的年收入（包括奖金、股票等）可以达到几千万甚至上亿，其年收入是普通员工工资的几百倍。

第四，紧张的劳资关系。从传统上看，美国企业的人力资源管理模式应属于技术型，在管理理念中将劳资关系视作一种纯粹的经济契约关系。他们认为企业管理是管理者的事，员工的职责就是完成上级下达的工作任务，其劳动贡献通过工资就可以补偿，没必要也不应该参加管理，更无权过问企业的经营情况。由于不了解企业的经营状况，加上与管理层收入的悬殊差距，因此员工对企业缺乏信任感和归属感，对管理者怀有对立情绪，相对于日本企业，美国企业的劳资关系比较紧张。

2. 美国传统人力资源管理模式的演进

美国企业传统的人力资源管理模式具有市场化、制度化和注重个人激励等特点，在满足个人选择、简化人际关系和激发创造力等方面具有较好的作用。尤其是强物质激励的高薪政策，对于吸引世界各地的优秀人才功效显著。在市场环境急剧变化、对技术创新要求高的行业中，这种模式的优越性体现得更为明显。但是，这种模式也带有明显的急功近利和短期行为的倾向，易引发员工责任心较弱、跳槽频繁、劳资关系紧张等现象，对企业的永续发展来说也是非常不利的。20世纪70年代中期以后，日本企业的成功崛起推动了美国企业向日本企业的学习，促进了其在管理方式上的变革，这种变革也折射到了人力资源管理领域。

变革具体体现在两个方面：

第一，人力资源管理在企业中地位的提升。尽管20世纪初美国企业就建立了人事部，但直至20世纪80年代之前，在美国企业中，人力资源管理基本上就没有地位，只不过是一个附设机构，不仅权力有限，而且人事经理的工资和级别也很低。这主要是由于长期以来美国企业拥有优越的资源条件、雄厚的资金技术力量和发达的劳动力市场，使其能够凭借规模经济效应获得产品的国际市场竞争力。但是，20世纪70年代的石油危机和货币危机给美国的传统制造业造成了很大冲击，而与此同时，日本企业却在国际市场上大出风头。这一切使美国的企业管理研究者和实际工作者开始了对日本模式的研究，他们发现日本企业效率高的主要原因在于其独特的"以人为本"的管理方式。因此，20世纪80年代以后，美国的大公司普遍将人力资源管理放到了公司发展战略的高度来考虑，进入20世纪90年代，随着高新技术企业的崛起，这一趋势有增无减。这一趋势被认为是20世纪80年代以来美国企业管理的一个最大变化。

第二，学习和借鉴日本企业人力资源管理模式中的有效做法。美国企业界，尤其是那些受到日本企业巨大冲击的汽车业、家电业，在20世纪80年代出现了向日本企业学习管理经验的浪潮。如美国通用汽车公司与日本的丰田汽车公司在加州的合资企业，就将日本式的就业制度、劳资关系处理方法以及生产零库存等结合起来，对日本管理模式的学习和引进进行了十分有益的尝试。又如福特汽车公司和克莱斯勒公司（现为戴姆勒—克莱斯勒公司）也在加强员工培训、吸收一线员工参与管理等方面取得了一定成效。与此同时，美国的金融业和服务业也开始重视对人才的长期培养。如今，诸如企业文化、员工培训、福利计划等做法已经为众多的美国大企业所接受和采纳。

因此，我们可以这样认为，是日本人教会了美国人重视人力资源的作用，转变了美国人原先漠视人力资源管理的态度。只不过美国企业对日本企业的学习是有取舍的，如日本模式中的终身雇佣制、论资排辈和统一决策等就被舍弃了。而且，富有戏剧性的是，在推进企业的人本管理方面，美国这一"学生"在 20 世纪 90 年代以后已经超过了日本"先生"。

三、国际视野下的人力资源管理发展趋势展望

（一）人力资源管理理念上的变化

"没有满意的员工就不会有满意的顾客"，这一观点已经成为国外成功企业的共识。查阅国外那些基业长青企业的文化体系我们不难发现，这些企业无论采用何种语言或是表达方式，均将员工视作企业最宝贵的财富，将"以人为本"奉为企业核心的管理理念；考察这些企业的人力资源管理模式也不难发现，这些企业已经抛弃了以监督与控制员工为主的模式，转向了以领导与激励员工为主的模式。

这些变化归根结底源自人力资源管理理念的变化，即企业不再将员工视作"逃避工作、喜欢偷懒的人"，而是将其视作"愿意承担责任、能够自我指导与控制的人"。人力资源管理理念的变化实际上是对传统人性假设的反省，它既是行为科学进步、社会环境变迁诱致的结果，也是知识员工和客户导向型企业大量涌现的结果。毫无疑问，尊重、理解、信任和关心员工，将成为未来企业成功的重要"基因"。

（二）人力资源管理认识上的变化

随着知识对企业贡献率的不断增加，人力资源管理得到了越来越多的重视，它已经开始从维持辅助的事务性层面，上升到了获取竞争优势的战略性层面，"战略性人力资源管理"在更大范围内和更大程度上从理论走向现实。人

力资源管理正在日益成为与企业中各个层面的管理人员（包括各级直线经理乃至 CEO）都息息相关的事，而不再只是人力资源管理部门的事：人力资源管理部门也从后台走向了前台，它不再只是企业发展战略的一个执行者，而是在参与甚至主导企业战略的决策过程中发挥作用。

例如，美国思科公司在每一次并购行动中，都要求有人力资源管理专家参加，对并购对象的人力资源状况进行全方位的考察和评估，而且不止一次，仅仅是因为并购对象与思科的企业文化不相容、员工队伍难以融合而导致了并购行动的搁浅。正如该公司总裁钱伯斯所言："与其说我们在购并企业，不如说我们在购并人才。"

（三）人力资源管理重心的变化

技术日新月异的变化、知识员工队伍的扩大，使人力资源管理的重心从原来对可用性的重视转向了对发展性的强调，建立以核心能力为中心的人力资源管理体系成了一种趋势。越来越多的企业意识到组织学习是组织不断提高并持续保持环境适应能力的主要途径，它们开始致力于学习型组织的建设和加强对知识的管理，组织学习的有效性和知识的贡献率成了衡量人力资源工作绩效的重要标准。同时，职业生涯设计和继任者计划也成了企业留住核心员工的不可或缺的管理工具。

第五节　人力资源管理的发展趋势

人力资源管理是生产力发展到一定阶段的产物，随着生产力的发展和员工素质的提高，人力资源管理的理念和模式不断地被调整，以适应新的管理环境的需求。人力资源管理理论经历了从无到有、由简单到成熟的不断发展和完善的过程。其形成和发展过程可以划分为以下五个阶段。

第一阶段：手工艺制作阶段。

这一阶段是人力资源管理萌芽的阶段，生产的形式主要以手工作坊为主。

为了保证工人具有合格的技能，工场主对工人技能的培训是以组织的方式进行的。这些手工业行会由一些经验丰富的师傅把持，每一个申请加入的人都需要经过一个做学徒工的时期。由于此时的管理主要是经验式管理，因而各种管理理论只是初步提出，尚未形成系统化。

第二阶段：科学管理阶段。

随着欧洲工业革命的爆发，大机器生产方式成为主流。农村人口大量涌入城市，雇佣劳动产生，雇佣劳动部门也随之产生。工业革命的一个显著特征即机械设备的发展，用机器取代人力和寻求更高效的工作方法，成为当时管理的首要问题。工业革命促使劳动专业化水平及生产效率的提高，这就需要有专职的部门对员工进行管理和培训，管理人员随之产生，同时人们开始了对人力资源管理的研究。

美国著名管理学家、经济学家，被后世称为"科学管理之父"的弗雷德里克·泰勒在其著作《科学管理原理》中阐述了以效率为核心的劳动力管理，认为对员工的管理不应完全偏重消极的防范与监督，而应通过选用、培训、考核、物质刺激等方式来调动和发挥其积极性，提高劳动生产率。

这一时期人力资源管理的特点是把人视为"经济人"，把金钱作为衡量一切的标准，仅强调物质因素对员工积极性的影响，人力资源管理主要是雇佣关系，工人处于被动执行和接受指挥的地位。而以工作定额、工作方法和工作环境标准化为主的管理方式，则开始对劳动效果进行科学合理的计算；根据标准化的方法，有目的地对员工实施培训，根据员工的特点分配适当的工作；明确划分了管理职能和作业职能，劳动人事管理部门随之出现。

第三阶段：人际关系运动阶段。

霍桑试验拉开了人际关系运动的大幕。1924—1932 年，在芝加哥西方电气公司霍桑工厂进行了著名的霍桑试验。这一试验的最初目的是根据科学管理原理，探讨生产环境对劳动生产率的影响。试验结果出乎研究者预料，不论照明强度提高还是降低，产量都增加了，试验者对这一结果无法找到合理的解释。于是，

1927 年开始，从哈佛商学院请来了梅奥教授和他的同事加入试验中。又经过了福利试验、访谈试验、群体试验和态度试验，到 20 世纪 30 年代初，得到的研究结果表明，生产率直接与员工士气有关，而员工士气的高低取决于主管人员对工作群体的重视程度、非强制性地改善生产率的方法和工人参与变革的程度。

霍桑试验的结果启发人们进一步研究与工作有关的社会因素的作用。首先，肯定人是"社会人"，而不是"经济人"，即人是复杂社会系统的成员，人除了物质需求外，还有社会、心理等方面的需求。另外，在管理形式上，企业中除了正式组织外，还存在非正式组织，管理者要重视非正式组织的作用。

第四阶段：行为科学阶段。

20 世纪 50 年代，人际关系学说进一步发展成为行为科学理论。行为科学是所有以行为作为研究对象的科学的总称，包括心理学、社会学、社会心理学、人类学、政治学等。它重视对个体心理和行为、群体心理和行为的研究和应用，侧重于对人的需要和动机的研究，这都与人力资源管理有着直接的关系，从而也为人力资源管理奠定了理论基础。

第五阶段：学习型组织阶段

所谓学习型组织是指具有持续不断学习、适应外界变化和变革能力的组织。在一个学习型组织中，人们都可以抛开他们原有的思考方式，能够彼此开诚布公地去理解组织真正的运作方式，去构建一个大家都能一致同意的计划或者愿景，然后一起同心协力实现这个目标。"以人为本"的管理理念得到了进一步发展。

一、人力资源管理面临的挑战

在科技和信息高度发达的知识经济时代，面对汹涌而来的新世纪大潮，企业面临前所未有的严峻挑战，人力资源管理只有适应不断发展的新形势，顺应历史潮流，才能在激烈的竞争中立于不败之地。人力资源管理作为获取竞争优势的重要工具，面临着前所未有的挑战。

（一）全球化的挑战

随着世界经济一体化的步伐加快、知识经济和信息经济时代的到来，市场环境变化快速，只有那些思维敏捷、竞争力强的企业才能在风云变幻的市场中立于不败之地。而人力资源管理是企业管理的重要组成部分，同样面临来自外部环境的各种挑战。具体表现在生产要素在全球范围内加速流动，国家之间的经济关联性和依存性不断增强。人力资源管理的内容和方法在经济一体化进程中面临不同的政治体制、法律规范和风俗习惯的冲击。

（二）技术进步的挑战

面对激烈竞争的市场，组织必然要不断提高劳动生产率，提高产品质量，改善服务。而技术进步可以使企业更有竞争力，同时改变工作的性质。于是，新技术便应运而生。网络技术的发展改变了人们的工作和生活方式，被广泛应用于人力资源管理的各个领域。这些新技术的出现，必然会给人力资源管理带来新的挑战，同时带来了生机和活力。组织只有很好地利用这些新技术，才能在竞争激烈的当今社会立于不败之地。

（三）管理模式创新的挑战

传统的人力资源管理模式大体上可以分为以美国为代表的西方模式和以日本为代表的东方模式两大类。西方模式的特点是注重外部劳动力市场，人员流动性大，对抗性的劳资关系，薪资报酬较刚性等；而东方模式注重内部招聘和提拔、员工教育培养、团队参与管理、工资弹性等。历史上，两种模式都被证明是有效的，但都存在一定的缺陷。知识经济时代，人力资源管理模式将是人本管理模式、团队管理模式、文化管理模式、以知识管理为中心的企业管理模式等几种管理模式的交融与创新，它要求管理要以人为中心，人处于一种主动的地位，要尽可能地开发人的潜力，知识管理和企业文化在人力资源管理中被提到新的高度。组织既要做好适应全球经济竞争加剧的准备，又要真正认识到人才才是企业最重要的战略资源，利用企业文化来感染员工、凝聚员工，塑造新的、更具竞争能力的员工队伍。发挥团队优势，以知识管理为中心，来适应知识经济时代人力资源管理模式创新的挑战。

（四）组织结构变革的挑战

传统的层级化、组织化结构以直线制为代表的纵向一体化模式，强调命令与控制，员工清楚自己的工作在整个组织中的作用和地位，晋升路线明显，组织中的报告关系清楚，有利于协调员工的工作，以实现组织的目标。但是，公司越大就会造成越多的职能层级，过多的层级把不同阶层的雇员分割开来，并造成诸如机构臃肿、官僚作风、效率低下等弊端；明确的层级划分损害了员工的积极性和创造性，决策过程的烦琐阻碍了竞争优势的发挥。

在知识经济时代，企业的组织结构呈现扁平化、网络化、柔性化。这种组织结构提高了员工的通用性和灵活性。组织根据不同员工的专长组成各种工作小组，以完成特定任务，而不再是对员工的具体任务有明确规定的传统的金字塔式的结构，这使得主要承担上下之间信息沟通的中间管理层失去了应有的作用而遭到大幅精减，员工的晋升路线也不再局限于垂直晋升，广泛的是水平的晋升。例如，角色互换。这些变化相应地对人力资源管理提出了新的要求，管理者需要从战略高度重视人力资源的开发与管理，以确保员工拥有知识、技能和经验的优势，确保人员配置实现优化组合。组织结构的变革将是今后一段时间企业面临的重要问题。

二、人力资源管理发展的新趋势

随着企业管理的逐渐发展，企业越来越重视"人"的作用。逐渐提高了人力资源是企业最重要的资源这一认识。因此，人力资源管理成为现代企业与发展中一项极为重要的核心技能，人力资源的价值成为企业核心竞争力衡量的关键性标志之一。随着经济全球化的发展，人力资源管理受到了重大的影响和挑战，如信息网络化的力量、知识与创新的力量、顾客的力量、投资者的力量、组织的速度与变革的力量等。21世纪人力资源管理既有着工业文明时代的深刻烙印，又反映着新经济时代游戏规则的基本要求，从而呈现出新的发展趋势。

（一）人力资源战略地位日益加强

新形势下，人力资源管理要为企业战略目标的实现承担责任。人力资源管理在组织中的战略地位上升，并在组织上得到保证，如很多企业成立人力资源委员会，使高层管理者关注并参与企业人力资源管理活动。人力资源管理不仅是人力资源职能部门的责任，而且是全体管理者的责任。企业高层管理者必须承担对企业的人力资源管理责任，关注人力资源的各种政策。

（二）以人为本，"能本管理"

随着知识经济和信息时代的到来，工业时代基于"经济人"假设的人力资源管理工具越来越不适应管理实践的发展，人力资源管理趋向于以"社会人""复杂人"为假设的人本管理。人本管理要求管理者注重人的因素，树立人高于一切的管理理念，并在其管理实践过程中形成一种崭新的管理思想，就是以人的知识、智力、技能和实践创新能力为核心内容的"能本管理"。"能本管理"是一种以能力为本的管理，是人本管理发展的新阶段。"能本管理"的本质就是尊重人性的特征和规律，开发人力，从而尽可能发挥人的能力，以实现社会、组织和个人的目标。

（三）着眼于激活员工的创造性

创新是企业的生命和活力，更是企业生存和发展的决定因素，知识经济时代的核心特征是涌现大批持续创新的人才。因此，企业人力资源管理的重点就是要激发人的活力、挖掘人的潜力、激活人的创造力，通过引导员工了解企业发展目标，围绕具体项目，赋予他们一定的处置权和决策权，并完善相关的薪酬晋升和约束机制，鼓励员工参与企业管理和创新，给予他们足够的信任，使其感到自己对企业的影响力，从而释放人力资源的创造潜能，为企业发展获得永不枯竭的动力源泉。

（四）人力资本特性突出

人力资本是指企业员工所拥有的知识、技能、经验和劳动熟练程度等。在当今知识经济时代，知识、技术和信息已成为企业的关键资源，而人是创造知识和应用知识的主体。因此，人力资本成为企业最关键的资源，也是人力资源转变为人才优势的重要条件。现代人力资源管理的目标指向人的发展，就是要为员工创造良好的工作环境，帮助或引导员工成为自我管理的人，在特定的工作岗位上创造性地工作，在达到企业功利性目标的同时，实现员工全面的自我发展。应该注意的是，人力资本不仅是一种资本，而且是一种实际的投资行为，因而人力资本的投入是要求有一定的收益相匹配的。

（五）人力资源管理全球化、信息化

随着世界各国经济交往和贸易的发展，全球经济日益成为一个不可分割的整体，这种经济变化趋势必然推动企业在全球内的资源配置，包括人力资源的全球配置。管理人力资源的难度、培训的难度、不同文化的冲突、跨文化管理，都将成为企业人力资源管理的重要课题。此外，知识经济也是一种信息经济、网络经济，人力资源也将逐步融入信息时代，呈现出鲜明的信息化和网络化特征。

企业要想使自己的人力资源管理顺应时代发展的潮流，就应该牢牢把握住人力资源管理发展的新趋势。与时俱进，不断创新，在符合人力资源管理发展方向的前提下，结合自己企业的特点，制定出切实可行的人力资源管理政策，为企业保驾护航，伴企业一路前行。

第三章　大数据与人力资源管理的关系

第一节　人力资源管理面临新形势

在了解大数据与人力资源管理的关系之前，首先应了解在当前情况下人力资源管理所面临的形势，也就是较之以往发生了哪些重要变化。

一、人力资源管理已经变成了劳动力管理

在互联网、大数据条件下，碎片化已经成为事实。时间碎片化、学习碎片化、用工碎片化等都是新的事物。一位研究劳动力的专家称，劳动力供给在今天与以往相比已经发生重大变化。

以往的公式是：

$$劳动力供给=劳动者人数 \times 劳动时间$$

现在的公式是：

$$劳动力供给=（全职雇佣的劳动者+非全职雇佣的劳动者）$$

$$\times（小时工作时间 + 加班时间 + 碎片化时间）$$

因此，人力资源管理已不能叫"员工管理"，而应该叫"劳动力管理"或"劳动者管理"。劳动者不一定是我的员工，而是我所使用的人。在互联网冲击下，企业的边界正在被打破。同时，企业也获得了更低廉的劳动成本。

最典型的是传媒业、互联网业、创新产业等知识劳动者密集的产业，它们完全可以采取雇佣专家组成项目团队的方法来完成工作，创造一般人创造不成

的价值。另外，居住在企业附近的人也可以成为自己的雇员。随着互联网、大数据技术的发展，劳动力管理工具已经能够最大限度整合劳动力资源，帮助企业在合适的地点更精准地找到最合适的人选。

互联网和大数据还改变了劳动者的工作方式，像专栏作家、淘宝店主、酒后代驾、专车司机等都是一些灵活就业者，他们依靠互联网找到了自己满意的工作。在大众创业、万众创新的大背景下，"个体户"的概念也需要重新定义，他们应该称为"自我雇佣者"。他们的社会福利与社会保障应该跟上时代，有所创新，而这正是人力资源宏观管理部门所忽视的。

二、对人力资源管理来说，征信很重要

我们这里讲的征信，是指建立基于大数据的个人征信系统。

商务部的研究人员说，"征信就是征集信用记录"。详尽的解释是：授信机构（金融机构或商家）自身或委托第三方机构，对客户信用状况进行调查验证，形成报告，用于决策，以规避风险的事情。对普通百姓来讲，个人征信状况，主要用于个人申请信用卡、办理车贷房贷、求职、投保等事项。因为当今社会，直接利用现金进行交易的情况越来越少，如果没有社会信用系统支持，风险就会很大。而征信乃是信用体系的基础。

征信业其实是一个很有点历史的行业。最初就是委托调查，已有几百年的历史。到互联网时代，互联网与征信结合就出现了互联网征信。"对大数据的分析和信息自动化采集"是互联网征信的最大特点。

基于购物信息、水电费交纳、支付习惯、黑名单记录等大数据，就可以掌握一个人的信用状况。当然，有的大学生是没有办理信用卡的，但这些人可能早就在网上购物了，甚至已经成为支付宝资深用户了，他们在互联网上留下的足迹和行为数据，已经可以为其信用打分。

目前，互联网征信企业也存在一些问题，如独立性与客观性的问题。互联

网征信企业应该努力保持中立、公正。有人指出，有的企业虽然掌握不少数据，但是没有掌握其平台之外的数据，因此是不完整的，尚有待改进。

第二节　基于大数据的人力资源管理

关于大数据人力资源管理，人们有不同的认识。例如，有人认为，我们当前使用的数据，尚不够大；还有人认为，我们目前的管理距离大数据管理差得还很远。我们认为，在互联网时代，大数据已经生成在我们身边。我们使用的互联网就是"互联网""大数据""云计算"。包括简单至极的出行打车，你所使用的手机（移动终端）工具，就是以大数据为基础的。因此，在我们的论述中，均以"基于大数据的××"来加以区别。这是需要说明的。

一、基于大数据的人力资源规划

人力资源规划，就是对组织人力资源的进出以及配置做出提前的设想与准备。显然，这需要弄清几个问题：当前本区域内的人力资源总况，当前组织内人力资源余缺，当前本组织最需要的人力资源类型、层次和数量，内部人力资源流动配置计划方案等。

哪些人会离职要特别引起重视。因为人力资源工作者必须保证人力资源能够充分满足组织内各个工作岗位的需要。

通过数据挖掘，专家发现，通过询问"不墨守成规的人，在每家公司都有生存空间"这样一个问题，同意该说法的人，往往跳槽率较高。这是回归方程计算的结果。

沃尔玛公司认为，统计回归不仅可以对员工离职进行预测，而且能同时报告预测的准确程度。沃尔玛从它的雇佣测试回归中学到三件事：一是应聘者在其岗位上能够工作多少时间（比不同意该说法的人少 2.8 个月）；二是这种预测的精确率有多大；三是这样的应聘者供职更久的概率是多少。

二、基于大数据的人力资源招聘

人才管理从系统论的角度看是一个"进管出"的过程，也就是首先将各类人员包括其高端部分——人才引进组织之中。

大数据时代的招聘以数据作为衡量人才的前提，以模型作为评价人才的标准，能够进行迅速、有效的筛选，保障招聘质量。美国 IBM 公司花费 13 亿美元，收购了 Kenexa 的一个招聘培训机构（它每年向 4000 万工作申请者开展问卷调查，获得基于大数据的人员特质分析），使招聘岗位与应聘者之间实现更加精确的匹配。专家认为，这种形式的招聘，从技术角度看，是持续的数据挖掘过程；从信息角度看，是关联信息不断组合的过程；从专业角度看，是对岗位价值、胜任力的理解过程。

大数据时代的人才招聘，是一个双向选择过程。组织要选人才，人才也要选组织，这是一个双向互动过程。

（一）借助社交网络

目前，企业招聘已经能够借助社交网络，达到知人的目的。社交网络是拥有大数据集群的最大主体，能够通过它获取应聘者生活、工作、能力状况及社会关系等各方面的信息，形成立体形象便于企业做到"精确人岗匹配"。融合社交网络的最佳对象，有人认为是 Linkedln。它能够借助社交基因弥补传统网络单向招聘的不足，既能令雇主与应聘者之间彼此深度了解，也能节省招聘成本，提高招聘效率。

（二）通过人力资源外包公司

现在美国很多人力资源外包公司能够从两个对立的方面为求职者与招聘者提供服务，如 Glassdoor、TalentBin、Identified 等。在 Glassdoor 这家公司注册的求职者，可以了解应聘公司的薪酬水平、工作环境、公司内幕，在与脸书公司整合后，还可以告诉你，应该结识公司里的哪些人，可以提出想到哪个岗位工作。还有的公司借助社交网络，能够告诉求职者应聘公司内部有哪些认识的人，公司有没有关于职工婚姻状况的潜规则；要想晋升需要准备什么样的知识、提高什么样的技能，被聘任之后，可以按照什么样的路线图发展自己等。

作为人才招聘方的企业，自然十分想获得应聘者的信息。TalentBin 公司通过收集社交网络上的个人信息，整理编辑出一个以人为中心的信息库，想招聘什么样的人，可以通过搜索获得。另一家叫作 Identified 的公司，可以对求职者进行打分比较。其核心功能是通过工作经历、教育背景、社交网络为求职者打分，其信息来源为 Facebook。

（三）人才网络招聘

通过互联网进行招聘，目前已经广泛流行。将来，基于大数据的网络招聘，会将网络社交功能引进招聘过程。在新型网络招聘过程中，求职者可以在网站建立自己的简历，分享求职经验，关注职位信息，建立人脉；组织也可以在上面树立自己的企业形象，吸引优秀人才加盟，发布招贤信息。

（四）高效率的视聘招聘法

最近出现的基于大数据、人才模型的"欧孚视聘招聘法"是一种高效率的招聘法。欧孚视聘董事长黄悦称"这种方法整合了人力资源专家、移动互联网专家、心理学家、视频技术专家、行为分析专家的智慧，共同研发而成"。其所依靠的心理技术是"五大职业人格"，而不同之处在于通过采取视频数据，来读懂应聘者的形象、表情、气质、表达、手势。关键点在于应用了机器能力、分析算法，把大数据与人工智能作为武器，完成了将应聘者与所招聘职位的匹配。无论是从准确性来看，还是从效率上来看，都得到了成倍提升。

这种方法被国际学术界称为"科学读心法"，又被称为"人工神人"。最大的革新之处在于不是通过直接询问，而是依据一个人释放的个体信息，包括表情、语言、体势语言、生理特征来判断其内心状态。移动手机用户可以通过微信把一段视频发过去，进行分析。这种方法的主要优点是移动化、可视化、精准化、温情化。

（五）有趣的"芥末侍应"游戏识人法

玩家在游戏中是一家食品店的服务员。他需要依据顾客的表情来给他相应的食品。开心的顾客就要给他代表开心的食品，难过的顾客就给他代表难过的食品。虽然看上去这个游戏与一般游戏没什么两样，但可以对玩家在游戏中每千分之一秒的行为进行解析，考察他们与就业职位相关的性格特征，如责任感和应变能力等。

另外，还有很多这样的游戏能够辨别被测者的智力水平、情绪控制能力、对环境的适应能力。其最大优势是在短时间内进行多项测试，而且无须被测者做出倾向性的问答，他也无法作弊。这种游戏软件是奈可公司开发的。专家说："大数据的应用，使得计算机在处理大量数据时，可以从中挑选出人关注不到的信息。这就能够使人力资源工作者做出更加客观准确的招聘决策。"人才招聘以往主要靠面试与简历筛选。前者误差大，难免受到"以貌取人"的影响。后者也会受到千人一面的困扰。

（六）人才雷达与雷达人才

人才雷达是基于云端，利用数据挖掘定向分析，帮助企业找到合适人才的信息平台。在互联网时代，每个人都在网络上留下大量数据，其中包括生活轨迹、社交言行等个人信息。依靠对这些数据的分析，能够将锁定的人的兴趣图谱、性格画像、能力状况从中剥离出来。例如，可以从高校网站获取这个人的所受教育经历；可以从其所发表的论文、专业论坛发表的文章、被人引用的次数了解其专业影响力；可以从其所交往的好友辅助判断能力状况；可以从其网上的抽象语言判断性格特征；可以通过分析其网上行为表现而得知其职业倾向；可以关注其发微博的时间特点、在专业论坛上的时间而推测其是否符合某种职业的要求。

以上讲的是人才雷达，那么什么是雷达人才呢？

雷达人才是专门等着人才前来登记的一个地方。其网页显眼的位置上写着"雷达那么强，我想去试试""又好又快又不要钱""找工作，雷达一下打开网页，求职者可以将自己的姓名、求职要求填写进去，一周之内，自动登录"。其实，这时你就是其人才库的一个成员。你需要找工作，他们也需要你的加入。

"数职寻英"是周涛博士的一个创新。它其实是一个借助手机的"社会众包平台"，又叫"指尖招聘"，周涛解释说，当你在朋友圈分享了一个招聘需求，并被朋友分享给其他人，最后有人获得此信息并被录用了，那么所有转发此信息的人都将获得奖励。这么一来，人人都可以是猎头。

大数据时代的人员招聘，能够结合社交网站，掌握应聘者的各类信息，包括个人视频、工作信息、生活状况、社会关系、个人能力等，都能被了解，从而形成关于应聘者的立体图像，有利于做出正确判断。

三、基于大数据的人力资源配置

关于人力资源配置，人们必然会想到有关"能力模型"的研究。1973年，哈佛大学麦克利兰教授发表论文指出，一个人能不能胜任某项工作，不是看其智力，而是看其胜任力。找到能够区分绩效优异与绩效低劣的一些潜在心理特征很重要。从此，有关胜任力模型的研究在美国兴盛起来。

能力模型的开发过程是严格遵循心理测试标准的。模型做好后，可以以它为基础，开展人才招聘、配置、培训、绩效考评等。实际使用过这种模型的人都会感觉到，其开发过程比较复杂，费用也不菲，但并不实用。伴随着互联网的出现，人们逐步认识到，岗位是不断变化的，基于岗位的能力模型，很难适应这种变化。人们在思考：如果重视一个人的智力水准，加上潜力考察，能不能打破原有的、中心化的、封闭的心理评估工具，代之以能够反映群体智慧的评价方式呢？这种社会化的评价机制，可能就存在于社交媒体中，存在于群体智慧中。

四、基于大数据的人才测评

人才测评已经进行多年，不少人力资源服务公司都在研究如何才能更精确地进行测评。我们认为，大数据可以在这个领域大显身手。社会上出现了大数据"搜索引擎"，有了这种搜索，不良分子已经难以遁形藏身。我们能不能反其道而用之——找寻到它的优秀面？大数据能够把人的各种信息踪迹迅速抓取、搜集在一起，并能够进行综合分析，所以，大数据方法是人才研究的利器，也是人才测评的利器。但是，一定要注意道德与法律问题。

更深一层的意思：对于人才测评，不宜将对象分得过细。过细了，便什么也找不到了。不过，能否通过人才品质测评人才，目前尚存争论。让我们来看看美国一位著名教授的观点。哈佛大学校友汉德法官，在写给哈佛大学校长洛威尔的一封信中说：

如果有人能设计出一套诚实的品性测试方法的话，它或许会很管用。但除了能发现显而易见的不良行为外，我怀疑它的可行性。总而言之，在我看来，只能通过学识来选拔学生在讨论人才测评的时候，有一个动态值得关注：计算机识别人的面部表情技术。

当你打开视频网站看到一则广告时，禁不住流露出惊喜的表情。这时，摄像头提示灯忽然闪了闪，这是什么意思？实际上，这是在对你进行测试，包括眼睛定位，寻找嘴部水平中心线，XYZ 轴建模，眼轮匝肌、皱眉肌、喉大肌各块肌肉的位移，数据传输，数据库表情匹配。

计算机对人面部识别技术准确率达到 96.9%，对更复杂的复合情绪识别率达到 76.9%。有家美国公司专门为顾客提供情绪反应数据。此方法还可以用来进行表情测谎。原理是：人们进行虚假和真实的感情表达时，使用的大脑映射不同，因此反映在面部肌肉动作上也有不同。这样微妙的变化人类很难区分，对计算机来说却很容易。

笑是人表情的一个最基本的动作。对于这么多种的笑,靠人的肉眼是分不清的。但是计算机可以做到,可以在千分之一秒之间,捕捉到是哪种笑。它靠的是对面部肌肉的微细动作的分析。也就是说,计算机加上大数据,可以通过模型来分析一个人的笑到底是一种怎样的含义,这对研究是一种有价值的参考。

五、基于大数据的人才使用

在每个企业里面,都会产生大量的数据踪迹。通过分析员工之间的沟通数据,不仅能够了解员工个人的表现,而且能够掌握团队的合作状况,从而采取有效措施提高企业内团队的合作效率。甚至在团队组成之前,就能预测出队员间的合作情况,以及可能出现的问题。

利用传感器和数字沟通记录,可以帮助公司高层知道不同团队擅长完成何种类型的任务,从而创造出"团队指纹",也就是它们中的职工与什么类型的任务能够做到相互匹配。

建立团队指纹,不仅会让这个团队在某一个特定项目中获得成功,而且会让公司长期受益。

六、基于大数据的人力资源考核

考核是人力资源管理的重要环节。没有考核就没有管理。

在谈到考核问题前,我们先来认识一个在美国已经出现的奇妙东西——社会传感器。

社会传感器是一种具有多种感应功能的装置。最初,它只包含一个红外线收发器、一个麦克风和两个加速度传感器,并在被严格控制的条件下使用。经过改进,传感器增加了显示功能,可以显示滚动信息,还可以戴在脖子上。后来,增加了一个蓝牙无线电设备,一次充电可持续搜集 40 小时,甚至可以做到无线充电。

传感器搜集信息包括两部分内容，即个人的（如是否抑郁）与社会的（与他人的交往）。重点放在互动模式与汇总统计上，它所关注的是不同部门之间如何协作。项目的每个参与者都可以随时删除自己的数据。

在美国，不少公司要求职工一上班就打开计算机记录你一天的工作。由于有了社会传感器，有了计算机对你一天工作的详尽记录，考核就变得十分简单。组织可以通过软件记录员工每天的工作量、具体工作内容、工作成绩，然后使用云计算处理，分析这些数据信息，据此可以清楚地知道员工的工作态度、忠诚度、进取心等。基于大数据，考核就变成"人在干，云在看"。

既然考核已经进行，那么，根据考核结果，就可以按月分配，将不同的薪点与对应的薪酬数量确定下来。有了大数据，对有的组织来说，可以实现"提前考核"。在国内，有的电商利用大数据，能够提前预测出每个员工的工作业绩。比如商品销售额任务是否能够完成，过去只能在年底算账，现在则可以提前预知，并适时对员工予以指导。那么，管理者是怎样知道哪个人无法完成预定指标呢？

原来他们通过大数据方法建立模型，将三个数据联系起来：第一个是"询盘价"，就是前来点击询问的商品价；第二个是下单价，要购买的总共的商品价；第三个就是实际发生的交易价。这三个数据之间有一定的比例关系。

七、基于大数据的人力资源薪酬

实际上有了基于大数据的人力资源考核，确定薪酬就有了办法。

大数据在薪酬方面的应用，首先在于对企业内薪酬的测定。这个不难，只是个计算问题。其次在于对本行业薪酬水准的把握。为了获得同行之间的竞争力，需要参考大数据为你提供的数据来调控本企业薪酬水准。云计算技术能够让你快速解决此类问题。

在谈论薪酬问题的时候，还需要认识社会关系测量器。社会关系测量器是干什么的？

西方国家早就时兴薪酬谈判。就是给你发多少薪酬，劳资双方有一个谈判博弈过程。美国有个叫彭特兰的人，是研究人类动机学的学者，依据大数据原理研究出来一种叫社会关系测量器的新发明。它能够记录在人们无意识情况下输出和处理的信号。彭特兰说，只需 30 秒的社会关系测量数据，就可以预测出双方在未来薪酬谈判中扮演什么角色。据说它的准确率达到 95%。在薪酬谈判中，它有助于洞察谈判对手，提前使自己处于主动地位。

八、基于大数据的人力资源培训

当前，人力资源培训的一个重大特点就是在线教育人数大增。在线教育浪潮在美国涌起。一系列智能网络学习平台成为投资重点。著名的在线教育公司与普林斯顿和伯克利、宾夕法尼亚等大学合作，在互联网上免费开放大学课程。

这些学校的课程可以实现全球几十万人同步学习。分布在全世界的学生不仅可以在同一时间听取同一位教师的授课，而且可以和在校生一样，做同样的作业，接受同样的考试和评分。

开放大学是 20 世纪 60 年代出现的世界高等教育领域的一种新型学校。这种大学强调开放教育，强调利用现代信息技术与教育教学的深度结合，向有意愿学习、有能力接受高等教育的人提供学习机会和服务。

英国开放大学是世界上最早成立的开放大学。开放大学由于其独特的教育理念、价值取向和社会效益，日益受到国际社会和各国政府的高度重视。在我国发布的教育规划纲要中曾明确提出，要"大力发展现代远程教育""办好开放大学"。目前，开放大学正在围绕促进全民学习、终身学习、学习型社会建设而进行积极探索。

与此同时，越来越多的培训机构开始开发专业的网络培训软件，供用人单位根据自身需要选择购买。这些软件能够忠实地记录每个员工的学习行为数据，并将其归入员工个人学习档案，生成个人学习曲线图，反映个人学习成长过程。

专栏：微课与慕课

微课：2008年，美国新墨西哥州圣胡安学院的高级教学设计师、学院在线服务经理戴·彭罗斯，将原本几十分钟、几个小时的课堂内容提炼出要点，制作成十几分钟的微型视频课堂。自此，微课概念出现。

慕课：它是以信息技术为基础的更大时空背景下的课程，是在世界范围内任何人都可以自由出入的大学堂。

以互联网与大数据为基础的新的教学生态是：单向传播变为互动传播，通过订阅信息能够构建自己独特的知识结构，废除大学围墙与教室，学习可以随时随处进行，而且不受经费限制。

现在，越来越多的企业开始购买网络培训课程。这不仅能够节省培训支出，而且能够记录每个员工的学习行为数据；不仅能够知道每个员工的学习情况如何，而且能够根据实际情况给每个员工量身定制课程，提升培训效率。

此外，大数据、互联网、云计算能够把行政办公、教学管理、学生管理、教学资源管理、一卡通集成在一个统一门户下，为全校师生提供一站式服务。

大数据也可以用于飞行员培训。比如，快速存储记录器，又称QAR（Quick Access Recorder），它实际上是一种带保护装置的飞行数据记录设备。它的功能是通过在飞机机身安装的几千个传感器，搜集到从飞行员走进机舱到飞机落地的全部操纵动作数据。

美国通用电气（GE）公司采集了5500多架长机的7800多万小时的飞行数据，从中整合出4600多个预置飞行模型，形成了一个强大的数据库。它的功能是能够帮助航空公司实现智能化飞行。

九、基于大数据的实际操作考试

考试的类别较多，这里仅举一例来说明利用大数据改进的方式方法。

实验操作考试是目前中考的一个项目，但是操作起来比较困难。以山西太原市的一场中考为例，传统的实验操作考试是这样的：全市分物理和化学两个考场，每天考 M 场，每场 15 分钟，场次间隔 20 分钟。每个考场 24 名考生，12 名监考评分教师，每个监考评分教师负责 2 名考生。一天之内，每名教师只能监考 28 名考生。在每场间隔的 20 分钟内，教师还要整理仪器，调整摆放位置。由于教师数量不足，持续时间长，劳动强度大，历来都是实验操作考试的难题。另外，人为的监考评分，难免有失公允，也成为考生及考生家长担心的问题。

太原市教育局在中考理化实验操作考试中，利用现代信息技术手段，在大数据的助力下，创新了考试形式，取得了良好效果，受到普遍欢迎。

太原市教育局的做法是：成立太原市理化实验操作考试领导小组；在太原市教育装备中心设立实验操作考试工作办公室，研究实验操作考试必须使用的科学手段；在专业公司的技术支持下开发出"互联网＋实验操作考试评价系统"。该操作系统由操作云数据管理中心、考场设备（包括网络摄像头、考生终端、考点管理软件）组成。其能够实现考生、学校、考题、考场等所有数据信息化管理，视频监考，实验过程记录，并通过互联网传输至数据库，进行后期追溯与大数据分析。

这种新型的实验操作考试方法已经装备了 41 个考点、82 个考场。在每个考场，考生的考题是由每组的第一个考生随机抽取的，抽取过程在大屏幕上实时显示。进入考场后，每个实验台上都有一个数据盒，两旁固定着两个高清摄像头，考生实验操作全过程通过视频数据传输到云数据管理中心，监考老师现场评分，经学生确认后，即时输入分值，提交数据中心，整个考试过程高效、透明、客观、公正。

即使在考试成绩公布后，如有疑问，也可做即时查询。网上阅卷也在很大程度上解决了实验操作考试打分不公平的问题。通过实验考评系统的大数据分析，还为实验教研积累了大量真实的基础数据，为实验教研的开展提供了坚实基础。

十、基于大数据的人才评价

很多人喜欢唐诗。我问你：你知道哪位唐代的诗人最受欢迎吗？这个问题有点不好回答。因为人们的喜好不同。有人喜欢慷慨激昂的诗，有人喜欢温柔细腻的诗；有人喜欢五言，有人喜欢七律；有人喜欢禅意，有人喜欢朦胧。但是，能不能综合起来，把最受欢迎的诗人找到呢？

回答是能够。这就要通过科学的评价方法。

最近有人通过四个方面的数据搜集，对最受中国人喜欢的唐诗进行了排序，出版了一本《唐诗排行榜》。这四个方面是历代选本入选唐诗的数据、历代点评唐诗的数据、20世纪研究唐诗的论文数据、文学史著作选介唐诗的数据。另外，互联网上的阅读、评论、载录也统计在内。对这些数据按照一定的方法进行加权处理，按照得分多少，自然就可以把最受喜爱的唐诗找出来，最受喜爱的诗人也就出来了。

大数据还能够评价出诺贝尔奖得主。世界著名的汤森路透公司曾经准确预测到谁是某个年度的获奖者，准确率高达73%。

人们不禁要问：他们是怎么预测准确的呢？途径就是凭借大数据。他们说："预测的力量来自引文分析，因为论文之间的引用是基于每个科研人员的学术判断，因而引文数据库就蕴藏了全球科学家的群体判断，并反映出科研活动的延续性和知识的传承。基于大数据的信息分析能够为科技规划和决策提供多方面的支持，包括了解科技革命的趋势、发现机会和风险、制定合理的发展目标指标、根据评估研发投入的产出情况来优化资源的分配等。"

十一、基于大数据的人力资源管理优化

当我们谈到人力资源管理的时候，首要的就是："那个人今天上班了吗？

如果连一个人今天上班还是没有上班都搞不清，那么，所谓人力资源管理就成了一句空话。"

关于上班，首要的又是"点卯"，也就是签到。《西游记》上管签到叫"点卯"。卯时就是 5~7 点，可见古时候对上班也是有时间要求的。现在又出现了连接企业 Wi-Fi 和微信摇一摇等方式，这也叫移动签到。除此之外，通过微博、微信、QQ 等社交平台，打开地理位置，加配个人工作照片，正成为当下企业最新的考勤方式。

据笔者所知，最早想到改变点名考勤方法的是一位美国教授。为了对付学生逃课，他想了各种各样的办法。最简单的是"教授点名"，逐个签到，这适合学生较少的情况。如果几百名学生一起上大课，就不灵光了。后来有个教授把一种叫 dicker 的神器引入课堂，学生只要在课堂上按一下，系统就会自动记录下其出勤情况。当然，这个神器还可以用来为学生释疑解惑，一举多得。近年来，随着智能手机的发展，APP 在我国校园中开始发挥提高学校综合管理能力的重要作用。有方便起床、饮食、读书、选课的 APP，点名功能自然也在其内。不需要纸笔，不需要刷卡，学生只要带着手机进入教室，系统就会自动记录考勤。应该说，是大数据、云计算使一些很难管理到位的事情轻松做到了。

某师范大学一名女生曾经收到来自学校"勤助中心"的一条短信。短信问："同学你好，发现你上个月餐饮消费较少，不知是否有经济困难？如有，可电话、短信或邮件联系我。"实际上，那位女生是为了减肥而减少了饭卡支出，没想到，引发了学校饭卡消费数据监测系统的关注。这个监测系统通过饭卡消费数据分析学生的经济状况，推测如果花销显著少于正常状况，校方就会考虑是否应该采取必要的干预措施。这名女生十分感动。她就把这条短信截图发到了微博上，引发了人们的一片赞扬声。人们说："负责的学校，让冰冷的数据有了人性之美！"

据中国教育报报道，上海闵行区依托大数据，致力于教育管理信息化取得明显成效。学生进出校门，刷一下电子学生证，从其到校、离校时间，就能看出学校是否经常延迟下课、放学时间。这个电子学生证，又是学生的健康卡、借书卡，还能了解学生参加了哪些体育运动项目与社会实践活动等。

学生的电子档案包括 4 个维度、14 个一级指标、38 个二级指标、53 个三级指标，具体包括身心健康、学业进步、成长体验、个性技能。家长和老师能够通过这个档案实时了解学生成长的点滴进步与潜在问题。

第三节　加快大数据行动，关键是要做起来

人力资源管理大数据怎样做起来？《促进大数据发展行动纲要》指出，要持续人才培养模式，建立健全多层次、多类型的大数据人才培养体系。大力培养具有统计分析、计算机技术、经济管理等多学科知识的跨界复合型人才。积极培育大数据技术和应用创新型人才。依托社会化教育资源，开展大数据知识普及和教育培训，提高社会整体认知和应用水平。

麦肯锡全球研究所的一份报告认为，未来 6 年，美国需要 150 万精通数据的经理人员、14 万~19 万数据发现专家。

一、要提前做好人才准备

大数据人才是当前社会最为短缺的人才。正因为短缺，应该加紧培养，特别是对应用型人才的培养。

大数据人才从能力构成上讲是多元的，关键是三种能力：IT 技术能力、数学统计能力以及业务能力。IT 技术能力包括软件和硬件能力，数学统计能力包括数据挖掘能力，业务能力强才能科学建模。就大数据人才类型而言，有人认为，包括数据规划师、数据工程师、数据架构师、数据分析师、数据应用师、数据科学家等。只有实现大数据人才的多元构成，才能实现应有的功能。

二、要勇于探索，真的做起来

笔者把大数据的实际应用理解为这么几个步骤：理解大数据（懂得知识）、借用大数据（开放共享）、做个小数据（小试一把）、养个大数据（积水成渊）、开发大数据（价值回报）。

假如你从事的是人力资源市场工作，那么，你就可以从今天开始关注并记录有关人力资源市场的一些数据。比如，从业人员 40.7 万人，行业年营业收入 8058 亿元，比 2013 年增长 1113 亿元，增长率达到 16%。像这样的数据记录，一年两年看不出什么，时间长了，就能够看出名堂，发现一些规律性的东西。

所谓"大数据飞轮效应"，是你设想一个平卧在地上有支撑的钢铁巨轮，你想推动它，艰难至极。现在，你开始努力，持续不断地用一个大铁锤敲击它，它开始微微动了起来。这时，不要放弃，继续敲击，飞轮开始转动起来，而且越转越快。这时，你只要轻轻推动它一点点，它就会产生巨大的效果。此之谓飞轮效应。大数据也可以借助这个概念，从一点点数据积累开始，慢慢形成"大数据"。

任何事情都有简单与复杂之分，大数据也是一样。简单分析，如现状分析（大学生就业）、关于某一项事情的分析（生产成本变化状况）；复杂分析，如年度收益预测分析、五年行业发展趋势分析。现状分析多为描述性的，预测分析多为预判性的，所以后者比前者复杂。万事开头难，有了开头，逐渐尝到甜头，就增加了自信心，也会逐步走向大胆应用。另外，如果刚开始借用第三方数据，之后开发自己的数据，也叫从简单到复杂。

三、大数据应用中值得注意的几点事项

当我们重视大数据的时候，首先要注意量力而行，也就是从自身实际出发。比如，自己的公司、单位小，实力有限，那就没有必要投入太多资金干这件事。

但是，应该懂得大数据能够干什么，了解其工作原理，做个明白人。等到公司实力大了，可以做了，再把它做起来。

当我们重视大数据的时候，还要明白任何事物都有两面性。大数据的副作用是可能侵犯个人隐私。大数据无疑能够搜集每个人的大量数据，这就隐含着个人数据被利用的风险。如何防止个人数据不被利用，就成为一个值得重视的问题。据媒体报道，很多人须臾不能离开手机，如果你下载了某个软件，很可能会有 20 多项你自己不愿意公开的信息被自动搜集给了软件开发商。

当我们开始重视大数据的时候，最重要的是牢记"以道驭技"四个字。为什么？因为大数据毕竟是一种工具、一种方法。用这种工具和方法干什么、怎么干才是最重要的。我们主张工具理性要与价值理性相结合，也就是要坚持以道驭技、以道驭器。

第四章 人力资源管理的基本模式

第一节 绩效管理模式

一、绩效管理概述

绩效管理是人力资源管理的核心职能之一。学术界对绩效管理的认识仍存在争议，争议的焦点主要在于绩效管理的对象或客体。根据绩效管理对象的不同，人们提出了三种不同的绩效管理模型：绩效管理是管理组织绩效的系统，绩效管理是管理员工绩效的系统，绩效管理是管理组织绩效和员工绩效的综合系统。

从组织角度进行绩效管理，是为了提高组织绩效，实现组织的总体目标。这种观点的核心在于设计组织战略，并通过组织结构、技术系统和程序等来加以实施。主要从组织的角度来考虑绩效目标的设置、绩效改进和考察，员工虽然会受到影响，但不是主要的分析重点。例如，布瑞德鲁普从组织绩效的角度分析绩效管理，认为绩效管理主要包括绩效计划、绩效改进和绩效考察三方面的内容。绩效计划是系统地阐述组织的预期目标和战略，并界定绩效等活动；绩效改进则包括组织流程再造、持续改进、标准化和全面质量管理等过程；绩效考察是指确定绩效评价标准的设计和绩效评价。

另一些学者认为绩效管理是管理员工绩效的系统。持此观点的学者认为，绩效管理是组织对员工关于其工作绩效及发展潜力的评价和奖惩，认为绩效管理有周期性。例如，艾恩斯沃斯和史密斯认为绩效管理分为绩效计划、绩效评价和绩效反馈三个过程。托瑞顿和霍尔将绩效管理分为绩效计划、支持和绩效考察三个步骤。这些学者的观点在绩效管理系统的具体构建方面各有不同，但也存在一些一致的观点。绩效管理的主要考虑对象是员工个体，首先管理者和员工一起设置绩效目标并与其达成一致的承诺；其次对实际期望的绩效进行客观衡量或主观评价；最后通过反馈进行调整，确定员工可接受的绩效目标，并采取具体行动实现绩效目标。

还有人认为，绩效管理是管理组织绩效和员工绩效的综合系统。这种观点不是前两种观点的简单加总，而是认为绩效管理是管理组织绩效和员工绩效的综合系统。一些综合绩效管理模型旨在提高组织绩效，但却强调对员工的干预。例如，考斯泰勒认为绩效管理通过将各个员工的工作与整个工作单位的宗旨联系起来，共同支持组织整体目标的实现。事实上，任何组织进行绩效管理的目的都是实现组织目标。因此，对员工的绩效管理总是发生在一定的组织背景中，离不开特定的组织战略和组织目标；而对组织绩效进行管理，也离不开对员工的管理，因为组织的目标是通过员工来实现的。这些观点说明，我们必须在几个层次上进行绩效管理，在一个极端是管理组织绩效，在另一个极端是管理员工绩效，而更全面的模型应涉及组织、个人和介于两者之间的各个层次。

从人力资源管理角度来看，我们更多关注员工个体的绩效。如果把绩效界定在个体层面上，我们可以把绩效管理界定为在特定的组织环境中，与特定的组织战略、目标相联系，对员工的绩效进行管理以期实现组织目标的过程。

绩效管理的根本目的就是让组织的每一位员工每天的工作行为都与组织的战略紧密相连。科学完善的绩效管理系统应该能够帮助组织实现组织目标，使组织和员工实现双赢。具体来说，绩效管理的目的有三个层次：战略性目的，即有效的绩效管理有助于组织实现战略目标；管理性目的，即组织可以以绩效管理系统为基础进行员工薪酬福利和员工认可计划等方面的管理决策；发展性目的，即绩效管理成为员工丰富专业知识和提高工作技能的基础。

二、绩效管理系统

组织为了实现经营计划与战略目标，必须建立高效的绩效管理系统。关于绩效管理系统的组成，不同的学者提出了不同的观点。例如，英国学者理查德·威廉姆斯把绩效管理系统分成四个部分：指导／计划，即为员工确定绩效目标和评价绩效的标准；管理／支持，即对员工的绩效进行监督和管理，提供反馈和支持，帮助他们排除制约绩效目标完成的障碍；考查／评价，即对员工的绩效进行考查和评价；发展／奖励，即针对绩效评价结果，对员工进行相应的奖励、培训和安置。多数学者认为，绩效管理系统包括绩效计划、绩效辅导、绩效评价、绩效评价结果反馈与运用等方面。组织的绩效管理系统通过管理者与员工共同参与的绩效计划、绩效辅导、绩效评价以及绩效评价结果反馈与运用等过程，以确保实现并不断提高组织绩效目标。

（一）绩效计划

绩效计划是管理者和员工共同讨论以确定员工绩效周期内应该完成的工作任务和实现绩效目标的过程。作为整个绩效管理过程的起点，绩效计划阶段是绩效管理循环中最为重要的环节之一。不过，并不是说绩效计划一经制订就不可改变，环境总是在不断的发生变化，组织在实施计划的过程中往往需要根据实际情况不断地调整绩效计划。

为了制订出合理的绩效计划，管理者与员工通过双向的互动式沟通，在制定绩效周期内的绩效目标和如何实现预期绩效的问题上达成共识，绩效计划的内容除了最终的个人绩效目标之外，还包括员工应采用什么样的工作方式，付出什么样的努力，进行什么样的技能开发等，以达到计划中的绩效结果。

一方面，为了使绩效计划能够顺利实施，在绩效计划阶段，必须使员工参与。员工参与是绩效计划得以有效实施的保证。社会心理学家认为，由于人们对于自己亲自参与做出的选择投入程度更大，从而增加了目标的可执行性，有利于目标的实现。另一方面，由于绩效计划不仅要确定员工的绩效目标，更重要的是让员工了解如何才能更好地实现目标，员工应该通过绩效计划中的互动过程了解组织内部的绩效信息沟通渠道，了解如何才能够得到来自管理者或相关人员的帮助等。从这个意义上讲，绩效计划的过程更加离不开员工的参与。

在绩效计划阶段，管理者和员工应该经过充分的沟通，明确为了实现组织的经营计划员工在绩效周期内应该做什么事情以及应该将事情做到什么程度，也就是明确员工的绩效目标。设置绩效目标是绩效计划阶段必须完成的重要任务。

（二）绩效辅导

绩效辅导在整个绩效管理过程中处于中间环节，也是绩效管理循环中耗时最长、最关键的一个环节，是体现管理者和员工共同完成绩效目标的关键环节，这个过程的好坏直接影响着绩效管理的成败。

绩效管理强调员工与管理者的共同参与，强调员工与管理者之间形成绩效伙伴关系，共同完成绩效目标的过程。这种员工的参与和绩效伙伴关系在绩效辅导阶段主要表现为持续不断的沟通。具体来讲，绩效辅导阶段主要的工作有持续不断的绩效沟通、收集信息形成评价依据。

绩效沟通贯穿于绩效管理的整个过程，在不同阶段沟通的重点也有所不同。在绩效计划阶段，沟通的主要目的是管理者和员工对绩效目标和标准达成一致。首先是管理者对部门或团队的工作目标进行分解，并提出对每一成员的目标要求。员工则根据分解给本人的任务，为任务制订详细的工作计划，提出绩效周期内要完成的主要工作任务和要达到的标准，并就这些内容与管理者进行反复的沟通。双方达成一致后，这些绩效目标和标准就成为绩效周期末评价员工绩效的依据和标准。在绩效辅导阶段，沟通的目的一方面是员工汇报工作进展或就工作中遇到的问题向管理者寻求帮助和解决办法，另一方面是管理者对员工的实际工作与绩效计划之间出现的偏差及时进行纠正。

在绩效评价和反馈阶段，员工与管理者进行沟通主要是为了对员工在绩效周期内的工作进行合理、公正和全面的评价；同时，管理者还应当就员工出现问题的原因与员工进行沟通，详细分析并共同确定下一绩效周期改进的重点。绩效辅导阶段的沟通尤其重要。员工与管理者共同确定了工作计划和评价标准后，并不是说就不能改变了。员工在完成计划的过程中可能会遇到外部障碍、能力缺陷或者其他意想不到的情况，这些情况都会影响计划的顺利完成，员工在遇到这些情况的时候应当及时与管理者进行沟通，管理者则要与员工共同分析问题产生的原因。如果属于外部障碍，在可能的情况下管理者则要尽量帮助下属排除外部障碍。如果是属于员工本身技能缺陷等问题，管理者则应该提供技能上的帮助或辅导，帮助员工达成绩效目标。

同时，在绩效辅导阶段员工有义务就工作进展情况向管理者汇报。通过这种沟通，使管理者能够及时了解员工的工作进展情况。管理者有责任帮助下属完成绩效目标，对员工出现的偏差及时进行纠偏，尽早发现潜在问题并帮助员工及时解决问题，这样对员工工作的顺利进行是大有裨益的。

在绩效辅导阶段，管理者在与员工保持绩效沟通和辅导的同时，还有一项重要工作就是进行信息的收集和记录，为公平、公正评价员工的绩效水平提供依据。具体来说，信息收集的主要目的在于为绩效评价、绩效诊断、绩效改进提供事实依据。绩效评价结果的判定需要以明确的事实依据作为支持，尽管绩效周期初确定的工作目标或任务可以反映一些问题，但也不足以完全证明员工按照规程、制度进行了操作。通过过程收集或记录的信息，就可以作为对员工绩效诊断和绩效评价的重要依据。

（三）绩效评价

绩效评价是绩效管理过程中非常重要的环节。绩效评价是针对组织中每位员工所承担的工作，通过应用各种科学的方法，对员工的工作行为、工作结果及其对组织的贡献或价值进行考察和评价，并将评价结果反馈给员工的过程。

绩效评价是一项系统工程，涉及组织战略目标体系及其目标责任体系、评价指标体系设计、评价标准及评价方法等内容，其目的是做到人尽其才，使员工的能力得到淋漓尽致的发挥。为了更好地理解绩效评价这个概念，首先要明确绩效评价的目的及重点。组织制定了战略目标之后，为了更好地实现战略目标，需要把目标层层分解到组织内部各个部门及各个组织成员身上，要保证组织内部每个人都有任务。绩效评价就是对组织成员完成工作目标的跟踪、记录、评价。

为了提高绩效评价的有效性，组织必须构建有效的绩效评价系统。有效的绩效评价系统首先必须获得全体组织成员的支持。如果没有全体人员的支持，绩效评价就不能完全成功。例如，如果管理者认为绩效评价系统只是浪费时间、没有真正价值，他们可能就不会根据要求填写评价表；如果员工认为绩效评价系统无效，工作士气和动机就会受到影响。

1. 绩效评价工具

构建了有效的绩效评价系统之后，组织还要选择适当的绩效评价工具。人力资源管理专业人士可以从大量的绩效评价方法中选择具体的绩效评价工具。组织常用的绩效评价方法包括图表式评价量表、行为锚定评价量表、行为观察量表、KPI评价法、平衡计分卡等。在选择过程中，组织必须综合考虑多种因素，其中三个重要的因素是绩效评价工具的实用性、成本以及被评价岗位的工作性质。

2. 绩效评价主体

绩效评价主体的选择是确定了绩效评价方法之后必须要进行的工作。根据传统观点，大多数组织选择上级主管来评价下属的工作绩效。之所以由主管进行绩效评价，是因为他们通常是最熟悉员工工作的人。对主管而言，绩效评价作为管理的手段，为他们提供了一种引导和监督员工工作行为的途径。事实上，如果主管没有评价下属工作绩效的权力，他们对下属的管理只会被大大削弱。

如果上级主管作为唯一的绩效评价者，在许多情况下对员工而言，绩效评价难以做到公平、公正、准确。这是因为对于员工的工作绩效，如果只有上级主管才能评价，那么上级主管的主观判断很容易影响绩效评价结果的公平性和准确性。一方面，上级主管不一定能够全面了解下属的各个方面，尤其是在上级主管掌握着对员工进行绩效评价的权力的前提下，员工更不会将缺点暴露在上级主管面前。另一方面，上级主管作为员工绩效评价者，组织内部容易助长拉关系、走后门的不正之风。而且，绩效评价结果也缺乏来自其他方面的信息验证。

随着社会经济的发展，人与人之间的合作日益重要，为顾客服务更是许多组织经营的宗旨。这些在上级主管评价绩效的活动中都不能得到体现，甚至会出现同事之间相互损害利益以讨好上级主管的现象。因此，在绩效评价这个问题上，越来越多的组织选择360度绩效评价。

360度绩效评价，是指由员工自己、上司、下属、同级同事以及客户等担任绩效评价者，对被评者进行全方位评价。评价的内容涉及员工的工作绩效、工作态度和能力等方面。绩效评价结束后，再通过反馈程序，将绩效评价结果反馈给被评价者，达到改变员工工作行为、提高工作绩效水平的目的。与传统的评价方法相比，360度绩效评价从多个角度来评价员工的工作，使评价结果更加客观、全面和可靠。特别是对反馈过程的重视，使绩效评价起到"镜子"的作用，并提供了员工之间相互交流和学习的机会。事实上，国内一些服务行业，如金融业、餐饮业等，常常使用360度绩效评价，因为服务人员的服务质量、服务态度唯有顾客最清楚。

在进行360度绩效评价时，一般是由多名评价者匿名对被评价者进行绩效评价，采用多名评价者，虽然扩大了信息收集的范围，但是不能保证所获得的信息就是客观准确、公正的。第一，员工对他人的绩效评价会带有情感因素。在同一组织工作的员工，既是合作者，又是竞争对手，考虑到各种利害关系，评价者有时甚至会故意歪曲对被评价者的评价。第二，员工很可能因为惧怕权威，而给上级主管较高的评价。另外，360度绩效评价还会导致另外一个极端，这种绩效评价方式成为下属发泄不满的途径。第三，员工对人力资源管理部缺乏信任，对360度绩效评价充满恐惧感，担心自己的评价会被上司知晓，同时也担心通过这种评价方式收集的信息是否能够进行客观公正的处理。

为了使360度绩效评价能够得以顺利推行并取得较好效果，第一，组织必须获得高层管理者的支持，高层管理者必须在组织内部营造一种变革、创新、竞争、开放的文化，使员工摒弃旧有的传统观念，敢于竞争，敢于发表意见，敢于接受别人的评价，让员工能够从观念上接受这种绩效评价方式。第二，管理者应加强宣传和沟通，让员工了解评价目的，尽可能地使360度绩效评价中的人为因素的影响降到最低限度。在实施360度绩效评价的过程中，组织必须对评价者进行有效培训，对评价的准确性、公正性向评价者提供反馈，指出他们在评价过程中容易犯的错误，以帮助他们提高绩效评价技能。第三，组织要尽可能地寻找员工充分信任的人员，如组织外部专家来执行360度绩效评价项目。为了获得员工信任，组织应该尽量聘请与组织有长期合作、深得员工信任的专家作为项目的负责人。第四，360度绩效评价在推行过程中也可以采取灵活的方式进行。在人员流动性大、竞争性强的部门或组织，推行360度绩效评价是很有效的；在人员相对比较固定的部门或组织，因为营造"人和"的氛围很有必要，在这种情况下，360度绩效评价也可以施行，但是评价的结果可以不作为被评价者薪酬调整、晋升等的依据，因为这样容易带来组织或部门内部人际关系紧张。评价的结果应仅仅用于员工的发展。要在员工之间建立互相信任的关系，在这个基础上，360度绩效评价的结果才会比较客观、公正。

3. 确保绩效评价结果公平公正

由于绩效评价结果往往与员工的利益及发展等各个方面紧密联系，管理者在绩效评价阶段的重要责任之一是对员工的绩效进行公正、公平和准确评价。为了使员工的工作绩效得到科学、准确、公正、公平的评价，实现绩效管理的良性循环，组织除了选择360度绩效评价之外，还会积极采取有效措施，以保证绩效评价过程的公平。例如，大多数组织绩效评价委员会，会对已经完成的绩效评价结果进行评审。绩效评价委员会一般由组织高层管理者、中层管理者代表和员工代表组成。在绩效评价过程中被评价者的意见可以向绩效评价委员会工会、人力资源管理部、部门主管及高层管理者反映。

第二节 薪酬管理模式

一、薪酬管理概述

薪酬管理，是在组织发展战略的指导下，对员工薪酬支付原则、薪酬策略、薪酬水平、薪酬结构、薪酬构成等进行确定、分配和调整的动态管理过程。

薪酬管理对任何组织来说都至关重要，这是因为一方面组织的薪酬管理要同时达到公平性、有效性和合法性三大目标；另一方面组织经营对薪酬管理的要求越来越高，而薪酬管理受到的制约因素越来越多。除了基本的组织经济承受能力、政府法律法规外，还涉及组织不同发展时期的薪酬战略、内部人才定位、外部人才市场以及竞争对手的薪酬策略等因素。

薪酬管理的目标包括三个方面：公平性、有效性和合法性。薪酬管理的公平性，是指员工对于组织薪酬管理系统以及管理过程的公平性、公正性的看法或感知，这种公平性涉及员工对于自己在工作中获取的薪酬与组织内部不同岗位上的人、相似岗位上的人以及与组织外部劳动力市场薪酬状况、薪酬水平之间的对比结果。薪酬管理必须关注三个方面的公平：外部公平、内部公平和个人公平。外部公平，是指组织向员工支付的薪酬应与本行业、本地区其他组织向从事同等工作的人支付的薪酬保持大体一致。为了保证薪酬的外部公平性，组织常常要进行薪酬市场调查。内部公平，是指薪酬的组织内部一致性，组织根据内部不同岗位的价值等级支付对应的薪酬，为了保证薪酬的内部公平性，组织常常要对组织内部不同岗位的价值进行科学系统的评价。个人公平，是指由于个体差异，相同岗位的员工的绩效水平可能存在较大的差异，组织应该根据不同岗位上工作的个人的贡献大小支付薪酬。

薪酬管理的有效性,是指薪酬管理一方面要满足成本控制、利润率、销售额、股票价格上涨等方面的财务指标,另一方面要满足客户服务水平、产品或服务质量目标。另外,薪酬管理要达到团队建设以及组织和员工的创新与学习能力等方面的指标以及员工离职率、绩效水平、激励水平等指标。

薪酬管理的合法性,是指组织的薪酬管理体系和管理过程要符合国家的相关法律规定。

二、薪酬体系设计

薪酬体系设计,是指在薪酬市场调查基础上确定薪酬总额,然后根据薪酬体系确定本组织的薪酬水平与结构,同时形成组织支付薪酬的一整套的制度体系与规范。薪酬体系的设计科学与否关系着组织内部各不同工种不同部门的员工能否真正协调凝聚起来提升组织整体的绩效,从而实现组织的战略目标。

薪酬体系主要是针对基本薪酬的薪酬系统,为向员工支付薪酬所构建的政策和程序。科学的薪酬体系直接与组织的战略规划相联系,可以使员工通过自己的努力和行为提高组织的竞争优势。目前,国际上通行的薪酬体系主要有三种:岗位薪酬体系、绩效薪酬体系以及技能薪酬体系。一些组织只选择其中的一种薪酬体系,而越来越多的组织则把多种薪酬体系有机结合起来,综合考虑员工的工作岗位、能力和技能、工作绩效等因素,称为混合薪酬体系。

(一)岗位薪酬体系设计

岗位薪酬体系是对每个岗位所要求的知识技能以及职责等因素的价值进行评估,根据评估结果将所有岗位归入不同的薪酬等级,每个薪酬等级包含若干综合价值相近的一组岗位。然后根据市场上同类职位的薪酬水平确定每个薪酬等级的工资率,并在此基础上设定每个薪酬等级的薪酬范围。从世界范围来看,目前组织使用最多的是基于岗位的薪酬体系。岗位薪酬体系是传统的确定员工基本薪酬的制度,其最突出特征是员工担任什么样的岗位就获得什么样的薪酬,因此岗位薪酬体系只考虑岗位本身的因素，很少考虑人的因素。岗位薪酬体系的设计步骤主要包括四个方面：收集关于特定工作性质的信息进行工作分析，编写工作说明书，对岗位的价值进行评价，根据工作岗位的内容和相对价值进行排序。

岗位薪酬体系使组织内部实现了真正意义上的同工同酬，体现了按劳分配原则，保证薪酬的内部公平性；因为薪酬与岗位直接联系，能够调动员工努力工作、提高自身能力以争取获得晋升机会的积极性；有利于根据岗位系列进行薪酬管理，操作比较简单，管理成本低。但是，岗位薪酬体系因为重视内部公平性而忽略了薪酬的外部竞争性，致使组织对稀缺人才的吸引力降低；员工获得加薪的前提是晋升，而组织内部的晋升机会往往不多，不利于员工的职业发展，工作积极性会受到伤害，还可能导致员工在岗位晋升过程中的恶性竞争，甚至出现消极怠工或者离职的现象；其导向是鼓励员工获得晋升机会而不是提高工作绩效水平。

（二）绩效薪酬体系设计

绩效薪酬体系是在个人、团队或组织的绩效与薪酬之间建立明确的联系。员工获得的薪酬水平根据个人、团队和组织绩效水平的变化而具有灵活性。对员工个人而言，绩效薪酬体系使员工的薪酬根据员工个人的工作行为表现和绩效进行相应的变化。由于员工在一定程度上能够控制自己的工作行为和工作绩效，因此，员工可以通过控制自己的工作行为和工作绩效达到控制自己的薪酬水平的目的。

在现代组织的分配制度中，薪酬是一种重要的、易使用的激励手段，是组织对员工为组织所做的贡献（包括他们实现的绩效，付出的努力、时间、学识、技能、经验和创造性）而给予的相应回报。在员工心目中，薪酬不仅仅是自己的劳动所得，它在一定程度上也代表着员工自身的价值，代表组织对员工工作能力和贡献的认可，甚至还代表着员工个人的能力和发展前景。绩效薪酬是薪酬构成中最能够体现激励作用的组成部分。绩效薪酬体系通常把员工的工作绩效与薪酬联系起来，目的在于激励员工更好地工作。

绩效薪酬体系设计的基本原则是通过激励员工个人提高绩效促进组织的绩效，确保高绩效水平的员工获得较高的薪酬；保证薪酬因员工绩效水平的不同而不同。

组织在设计绩效薪酬体系之前首先必须做出这样的决策：员工的薪酬在多大程度上是建立在绩效基础上，绩效薪酬在员工的总体薪酬中占多大比例等。因此，绩效薪酬体系设计的基础是有效的绩效管理体系，从而使员工的绩效与薪酬之间建立起直接的联系。组织构建的有效的绩效管理体系必须满足下列要求：能够公平合理地评价员工的工作绩效，能够准确区分员工之间的绩效差异，员工的绩效差异直接影响着薪酬差异，绩效薪酬的增加能够激励员工改善工作行为、提高工作绩效水平，个人的工作绩效有助于实现组织的绩效目标。

绩效薪酬体系设计的内容包括绩效薪酬的支付形式、关注对象、配置比例、绩效等级等方面。

绩效薪酬的支付形式表现为组织如何向员工支付绩效薪酬，从而使薪酬与绩效之间建立紧密的联系。绩效薪酬包括常见的绩效工资、绩效奖金和绩效福利，也包括股票、收益分享计划、利润分享计划等形式。对不同层次的员工而言，组织支付绩效薪酬的基础也存在差异，如员工可以因销售额的增长、产量的提高、对下属的培养、成本的降低、利润的增加等而获得绩效薪酬。不同的组织向员工支付绩效薪酬的频率各不相同，一些组织每月向员工支付绩效薪酬，也有一些组织每个季度或每年向员工支付一次绩效薪酬。

绩效薪酬关注对象的确定受到组织价值观和组织不同阶段的发展战略等因素的影响。如果绩效薪酬关注的对象是员工个人，那么每个员工获得的绩效薪酬以其绩效评价结果为基础。如果绩效薪酬体系是基于团队、业务单元或整个组织的绩效构建的，那么组织可以先评价团队或业务单元的绩效来确定绩效薪酬总额，然后根据员工个人绩效对绩效薪酬总额进行划分，员工根据自己的工作绩效水平获得绩效薪酬。绩效薪酬配置比例是指绩效薪酬在不同部门或不同层次岗位中的配置标准。由于绩效薪酬种类很多，这里以其中一种绩效工资进行说明。绩效工资的配置标准与各个岗位的工资等级和对应的外部薪酬水平相关；并与个人或团队的绩效水平直接发生联系，从而使员工或团队可以通过对绩效的贡献来调节总体工资水平。

绩效等级是依据绩效评估后对员工绩效评价结果划分的等级层次。绩效等级一方面与具体的绩效指标和标准有关，另一方面也与绩效评价的主体和评价方式有关；在对员工绩效进行公正、客观评价的基础上，绩效等级的多少和等级之间的差距将会对员工绩效薪酬分配产生很大影响。组织在设计绩效等级时还要考虑绩效薪酬体系对员工的激励程度。如果绩效等级过多，因为差距过小，会影响对员工的激励力度；等级过少带来的差距过大则会影响员工对绩效薪酬体系的预期，可能使员工丧失向上努力奋斗的动力。

总之，绩效薪酬体系设计必须明确需要达到的目标，有效利用薪酬策略和绩效与薪酬的密切关联，使组织不必为所有的工作支付高薪，而为那些具有关键技能绩效水平高的员工支付高薪，从而使组织既能够吸引所需的拥有关键技能的人才和留住高绩效员工以满足战略需要，又能够对组织成本进行控制。

第三节　国际人力资源管理

一、国际人力资源管理概述

进入21世纪，人类社会发生了巨大变化，世界经济的融合也日益突出。比如，越来越多的产品和服务纷纷跨出国门，出现在他国市场中，这也正是中国制造的产品能走遍全球的原因。可以毫不夸张地说，在地球的任何一个角落，你都能找到来自中国的纺织品、鞋、五金等产品。而且，越来越多的投资和商业合并与兼并等也表现出了这种趋势。另外，越来越多的人在本国投资的外国企业工作，越来越多的人获得工作签证在他国工作；还有全球生产迅速一体化、跨国交易急剧增加，以及全球贸易量的迅速增长，均使人力、资本、商品、服务、技术和信息实现跨国流动成为必然，也就是经济的国际化和全球化的起源。

而在这一全球化浪潮中，最主要的构成因素就是跨国公司。跨国公司的出现，依赖人类科学技术的进步等因素，其中最主要的因素就是交通和通信技术。工业革命后，随着汽车和飞机等交通技术的发展，产品的运输成本越来越低，运输距离变长和周期变短，货物的地区和全球流通变得可能，而且，随着电话、无线通信、卫星通信和国际互联网等通信技术的日新月异，全球的沟通也变得及时，随时随地的商务沟通成为现实。当然，全球范围内人们教育水平的提高和移民潮的出现更使全球化愈演愈烈。除此之外，跨国公司的出现还有以下因素。

（一）开拓新市场

新市场的开发不仅是企业面临竞争的结果，也是消费者不断寻求新产品和服务的结果。当然，最主要和最积极的参与者是企业。

（二）知识和人才

跨国公司不仅寻求低成本和市场，而且非常重视全球范围内的人才和知识的竞争，特别是当这些潜在的人才背后还有巨大的可开发市场时。

（三）电子商务

国际互联网技术的发展，不仅改变了人们的沟通方式，也加速了全球化进程。如今，连接全球的商务电子信息通道已经形成，电子商务打破了时空局限和贸易形态，也使更多的中小企业在较低成本的前提下，参与到了全球化的浪潮中。通过互联网，企业可以在全球范围内寻求商业合作伙伴。而且消费者也有了更多的选择。如今，电子商务所依托的虚拟市场是任何企业都不能忽视的市场。

二、国际人力资源管理的权威定义

关于国际人力资源管理的权威定义，迄今为止还没有一个统一的界定。美国学者约翰·伊凡瑟维奇认为，国际人力资源管理是国际化组织中人员管理的原则和实践。约翰·B.库仑认为，当将人力资源的功能应用于国际环境时，就变成了国际人力资源管理。

P.莫根说，国际人力资源管理是处在人力资源活动、员工类型和企业经营所在国类型这三个维度之中的互动组合。

舒勒认为，国际人力资源管理就是关于跨国公司的战略活动产生的并影响其国际事务和目标的人力资源管理问题、功能、政策和实践。

赵曙明指出，区分国内人力资源管理和国际人力资源管理的关键变量是后者在若干不同国家经营并招募不同国籍的员工所涉及的复杂性。国际企业人力资源管理，是指在世界经济一体化和区域经济集团化的趋势下，各国人力资源管理的理论与实践在不同文化背景下的（人力资源管理）一种融合。

笔者认为，国际人力资源管理是对组织在经营范围拓展为多个国家的过程中人力资源管理本身职能（如招聘、甄选、培训、绩效管理、薪酬管理、职业生涯规划等）以及其职能的演化拓展实行整体、动态管理的过程。

对企业而言，国际人力资源管理应该能够帮助其应对快速的全球化进程，同时，能够保持和提升其市场竞争力。所以说，国际人力资源管理与企业活动的全球化紧密相连。

三、国际人力资源管理的特点

（一）国际人力资源管理者要成为业务合作伙伴

国际人力资源管理者仅仅成为人力资源管理专家是远远不够的，美国国际人力资源管理协会认为，首先他要成为企业一线经理的业务合作伙伴。业务合作伙伴要求国际人力资源管理者协助一线经理统筹管理、共同承担责任，以促成目标绩效的有效实现，而不仅仅是像传统的 HR 那样提供支持性服务。

国际人力资源管理者要充分理解组织的规划目标，包括其法规政策、客户体系、商品服务等方面。理解人力资源各项活动和组织使命实现之间的关系，能够有效识别并利用对组织使命具有长远影响的因素。同时还要充分理解客户和企业文化，主动了解不同客户的组织特点及要求，确保提供专业有效的咨询和服务。另外，作为国际人力资源管理者，还要善于运用社会学和组织行为学的专业知识和战略实施来提升组织绩效，要从员工的需求角度，理解组织使命的内容和要求，理解在组织结构和运行中人力资源的角色定位，确保人力资源管理的有效运行。

（二）国际人力资源管理者要成为变革的推动者

作为一个国际人力资源管理者，仅仅具有专业的人力资源知识技能和作为业务合作伙伴的能力是不够的，还要努力成为变革的推动者。这就要求国际人力资源管理者要充分了解组织中变革的重要性及潜在的优势，并构建有利于变革的组织结构，坚持对创造性思维灵活和开放的态度，鼓励支持员工尝试有价值的变革。同时要能够运用权威的，系统化的专业行为来赢得客户的信任和依赖。同时注意应具有极高的职业道德操守，要及时准确兑现对客户的承诺，还有要具有说服内外客户接受某项方案或措施的能力。能全面分析问题的优缺点，说服关联方接受最佳的行动方案，并随时与客户沟通，保证对客户的需求和关心的事物有动态把握。

（三）国际人力资源管理者要成为领导者

除了以上理念外，国际人力资源管理者还要努力成为领导者，要了解工作的文化多元化对组织成功的潜在作用，同时重视人力资源管理体系的潜在影响，提倡以真诚的行为赢得他人的信任和自我价值的满足。礼貌公正地对待每一位客户，无论他们的组织级别和社会地位如何，都要一视同仁，提供高效的服务，以促进和保持组织行为的高度协调性。

（四）国际人力资源管理者要成为人力资源管理专家

国际人力资源管理者要紧紧围绕人力资源专家身份，在管理职能业务上保持专精，强化专业业务素质，不断提高专业管理水平。人力资源管理专家身份是保证成为业务合作伙伴、变革推动者和领导者的基础和根本。只有把人力资源管理的专业业务做扎实，才能更好地实现业务合作伙伴、变革推动者和领导者的职能。

国际人力资源管理在面对组织动态和变革的国际环境下，在传统人力资源管理职能的基础上强化了业务合作伙伴、变革推动者和领导者的三项职能。

四、国际人力资源管理发展态势

（一）国际人力资源管理发展的总态势

21 世纪国际人力资源管理的大环境发生了较大变化，主要是经济全球化和知识化所带来的挑战。特别是全球金融危机后，这种表现就越发明显，全球经济与知识出现了较大的融合，并产生了明显的联动效应，即相互的影响性逐渐加大。这就迫使企业在跨国化过程中，更加重视国际的而不仅仅是国内的竞争。人力资源管理者在面对日益复杂的国际化经营环境中必须具有国际化视野，考虑并实施基于全球的战略性人力资源管理，才能不断保持自己的核心竞争力，并能保持快速生存与发展。在经济全球化的同时，知识经济已经成为当今和未来世界经济的主要方式。对知识型企业而言，需要更加重视知识管理和强调智力资本的管理，并不断将知识作为企业竞争优势的源泉。企业的员工尤其是知识工作者的人力资源，将被视为企业利润的源泉。在此基础上，人力资源管理及相应的组织安排被纳入企业战略管理领域，持续的组织学习和持续的员工管理与开发将成为企业的战略性武器。

随着管理环境的复杂化，国际人力资源管理的管理理念和管理重点也逐渐发生了比较大的变化。这种变化主要表现在以下几方面。

1. 管理理念

在管理理念上，由原来的关注人力资源管理职能技术、成为人力资源管理专家，逐步过渡到成为业务合作伙伴，成为变革的推动者和领导者，同时也要不断强化人力资源专家职能。

2. 管理组织

在管理组织上，国际人力资源管理更加关注学习型组织与网络型组织。学习型组织和网络型组织具有学习的便利性和高效性。这两种组织模式起到了构建、强化和保持组织人才核心竞争力的作用。

3. 管理职能

在管理职能上更加强调组织战略导向与激励，同时突出核心业务管理职能以及业务外包。这对全球视野下国际人力资源管理提出了新的挑战。

4. 管理对象

国际人力资源管理的对象重点是知识性核心员工，随着企业国际化的深入，知识型核心员工的作用越来越明显，研究并管理和激励知识型核心员工的作用已经非常重要。

（二）国际人力资源管理发展的具体趋势

策略导向型的人力资源规划成为企业战略不可分割的一部分，持续竞争优势依靠的是智力资本的优势。更多的企业开始重视人力资源管理的战略性，人力资源管理在国际企业中已经逐步得到重视，地位逐步得到提升，管理高层已经意识到应当从战略角度思考人力资源管理。

人力资源管理状况成为识别企业竞争优势的重要指标，企业拥有的人力资源，现有的人力资源的数量、质量、结构，人力资源的流动性及稳定性、员工的满意度成为识别企业的核心竞争优势的重要标志。人力资源状况和企业的财务状况、市场状况一样开始受到重视，成为评判企业竞争优势的重要指标。

人力资源管理人员要成为具备人力资源管理专业知识和经营管理才能的通才，人力资源管理职位成为通往 CEO 的途径，人力资源是一种可以经营的资源，对人力资本、组织资本的经营成为可以给企业带来经营业绩的重要活动：人力资源管理者的角色发生了变化，由于全员客户概念的引入，员工成为客户，人力管理者直接面对市场。人力管理部门从一个辅助部门成为直接面对市场，可以为企业创造经济价值的业务部门。

以人为本的业绩辅导流程管理方式成为主流，通过沟通、辅导、培训达到提升员工能力，提升工作业绩的目的。管理人员的角色将由传统的"裁判员"向"教练员"转变。员工能力的提升和业绩的提高成为衡量管理者工作的重要指标。

人力资源管理的某些服务活动开始外包。业务外包是企业将有限资源集中于核心产品和服务的重要途径，通过外包企业不仅可以降低新开业务的成本，同时可以获得专业化的服务，如人事代理、工资调查、特殊人才的猎头、人事档案等人力资源管理工作。这种外包业务原来由企业人力资源部门来实现，现在由市场为企业提供服务，让企业仅仅关注其核心产品就足够了。

注重企业与员工共同成长的规划和职业生涯设计，企业、员工建立利益共同体，共同成长，通过有效的职业生涯规划与设计搭建企业与员工之间的共同成长机制。关注员工能力的提高，人力资源的开发与管理同等重要，建立员工与企业的共同成长机制不等于建立终身雇佣制，企业需要最合适的员工而非最优秀的员工。不能适应企业发展的员工将被淘汰出局，而对于无法满足其发展空间的员工，企业鼓励其流动。

动态目标管理绩效评价体系的建立成为人力资源管理的核心课，组织注重目标的实现，更关注目标实现的过程。对于传统绩效管理流于形式的弊端，通过对流程的控制，注重行为、强化控制加以改造，目标的实现将顺理成章。目标的制定和达成过程是一个动态的管理过程。目标管理和绩效评价体系的建立是人力资源管理部门面临的新课题。

第五章 大数据背景下人力资源管理机遇、挑战与变革

第一节 传统人力资源管理的现状及问题分析

人力资源管理发展至今，主要经历了从人事管理、人力资源管理到战略人力资源管理三个阶段。自 20 世纪 90 年代以来，战略人力资源管理获得了长足发展，将人力资源管理职能与组织的战略性目标结合起来，强调人力资源管理在达成经营目标中要扮演好战略性角色。在战略人力资源管理阶段，人力资源部门真正成为业务部门的战略合作伙伴。人力资源管理的各个职能相互融合，为业务部门提供指导、支持与帮助，最终服务于企业总体目标的实现。目前，我国大多数企业的人力资源管理还处在第一或第二阶段，即以"事"为中心，将人视为一种成本，强调对人的控制与管理，无法把员工需求与企业发展相结合，更无法实现人力资源开发的战略价值。

信息技术的飞速发展，尤其是大数据时代的到来，使得企业每天要接触处理的信息量逐渐变大，这种爆炸式的数据增长在人力资源领域尤甚，人力资源管理人员会涉及种类多样、数量庞大的信息群，如人员时间利用数据、劳动报酬与收入数据、人力成本数据、安全与保障数据、绩效管理数据等。此外，移动互联网正在改变着人们的学习、工作、生活和社交方式，人们更加习惯于在虚拟空间中分享思想和想法，表现自己的情绪与情感。这些既给人力资源管理带来了挑战，也为战略人力资源管理的实现提供了机会和技术支持。传统人力资源管理问题凸显，基于商业智能和大数据的人力资源管理正获得长足发展。

传统人力资源管理主要指的是人事管理阶段或人力资源管理阶段，它虽然

涉及企业人力资源管理的主要内容，包括人员信息管理、薪资管理、员工培训、绩效考评、考勤管理等，但也主要是完成对人力资源数据的录入、存储、查询和统计等管理工作，并不能真正体现人力资源管理的价值。具体表现在以下几个方面。

一、过分依赖表单和文牍

在传统的人力资源管理中，各项人力资源管理职能的履行主要依赖各式表格和文件。表单管理看似规范有序，实则烦琐僵化。例如，绩效管理作为人力资源管理中最具价值的部分，在传统的表单管理模式下，主要表现为要求员工填写各式各样的考核表，这一方面增加了员工的工作负荷；另一方面，当有部门或人员没有提交考核表时，人力资源人员需要不断催促和通知，在无形中形成了人力资源部门和业务人员之间的隐性冲突。另外，绩效考核指标往往是由业务部门的管理者一手设定，其评价内容、评价权重、评价者的设定很少有人力资源人员的参与。人力资源人员只是负责制表、回收和分数汇总，不能从专业角度给出意见和建议，无法体现出人力资源管理的价值。

二、数据多为定性且浪费严重

除了绩效考核与薪酬模块，传统人力资源管理系统收集的数据多为定性数据，定量数据所占比重很小。究其原因，传统人力资源管理以经验模式为主，依赖的是管理者个人的经验和直觉。因此，人力资源管理者通常只做定性分析，缺乏充分的数据支持。例如，员工培训需求的评估主要依靠业务管理者和人力资源管理者多年积累的经验进行，然后据此制订公司的总体培训项目计划。在培训完成后，由人力资源管理者根据受训者的主观感受或者受训者培训前后的业绩变化对培训的总体效果做简单的评估。由于影响员工业绩变化的因素很多，只对比受训者培训前后的绩效很难对真正的培训效果做出有效的评定。另外，传统的人力资源管理对信息的利用非常有限，大量的有效信息资源被闲置浪费。根据 IBM 公司的一项调查，一般企业对于储存信息的使用率只有 2%~4%。而且由于大量的表单管理，各类信息是彼此割裂分离的，这也增加了企业的使用难度。例如，招聘、绩效、薪酬模块的信息并不同时存在于一张表单上，人力资源管理者很难全面追踪一名员工的人力资源使用与开发状况。

三、提取有效信息困难

在典型的传统人力资源管理系统下，一个常见的联机事务处理系统通常由多个事务处理应用构成，同时每个事务和每一分钟的业务细节都记录在与事务应用关联的数据库中。在这个庞大的数据流中，人力资源经理需要具备识别数据有效性的能力，以此来判断提取哪些数据将帮助我们实现对人力资源管理的量化评估。例如，借助人力资源效用指数的评估方法，人力资源经理需要从人力资本能力、人力资源运作能力等几个方面来提取具体可衡量本企业人力资源管理效用的各项指标，并且定义每项指标的数据来源。事实上，许多人力资源经理都陷入了大量不同的申请表格和毫无联系的报表当中，难以在短时间内识别有效数据，更无法对数据进行整合来评估人力资源管理的价值。另外，对公司高层管理者来说，从规模庞大、数据完整但"事无巨细"的系统中直接获取对他们进行宏观决策时所需的数据是很困难的，人力资源经理也很难向高层清楚地表达他们所创造的价值。

四、结果应用不尽如人意

人力资源管理的主要工作是数据的录入、存储、查询和统计等，很少有涉及支持企业战略决策的功能。目前，人力资源管理软件主要应用于一般的作业管理，如工资计算、人员信息记录等；对于数据的分析，如员工考核数据、工资结构数据等都应用得不尽如人意。所以，企业很难通过人力资源管理系统了解企业整体绩效状况、修正企业考核制度、提出成本控制方案等。另外，一般情况下，人力资源系统只保留最近 2~3 年的数据，但是如果进行趋势分析或策略分析，又要求以大量的历史数据为基础。这就意味着一方面企业需要一个能完整保留大量历史记录，又能提供快速查询分析的数据环境；另一方面，这样的数据环境又可能会影响人力资源数据库的操作与维护效率，甚至干扰其正常运行。

第二节　基于商业智能的人力资源管理

目前，商业智能工具无论是在企业经营分析，还是在财务分析等方面，都已经取得了不俗的成绩。在人力资源管理领域，商业智能的有效应用刚刚拉开序幕。基于商业智能的人力资源管理（HR-BI）正是充分利用商业智能强大的数据处理和分析能力来实现人力资源管理的量化评估并为决策提供支持的结果。

HR-BI 使用人力资源系统提供的宝贵历史数据，能够为企业提供接入、报告和分析信息的工具，能够在改进企业分析能力的同时降低信息技术成本。通过 HR-BI 可以有效解决影响人力资源管理效能的三个关键问题：第一，实现人力资源战略规划与决策的量化管理，将使得人力资源管理体系及时支撑于企业战略发展；第二，支持集团型企业总部对各下属分支机构的人力资源管理活动进行及时的指导与监控，确保总部制定的人力资源规划能够逐级有效落实；第三，支持人力资源管理能力的持续提升。通过商业职能的实施应用，可以对企业的集团化管控与人力资源规划进行精细化管理提供有效支持，并通过系统进行实时的 HR 管理过程监控，实现整个企业的人力资源管理能力持续提升。可以看出，在人力资源管理模式由传统的以工作为中心的模式逐步转向基础业务共享和个性业务自主管理，HR-BI 的应用对企业集团具有格外重要的意义。

尽管如此，目前商业智能在人力资源管理中的应用并不广泛，很多企业甚至一些管理软件的供应商企业，对 HR-BI 系统也没有真正物尽其用，没能真正发挥决策支持的作用。在人力资源管理向战略人力资源管理转变的过程中，基于商业智能的人力资源管理还面临着一系列问题。

一、企业内部沟通不足

目前，大多数企业的组织结构依然是按职能划分、等级明确、制度规范的金字塔形结构。这种结构有利于统一指挥，但不利于跨部门沟通。由于缺少不同部门之间相互沟通、协作的制度设计，商业智能系统的实际业务需求难以评估，也难以判断需要商业智能系统挖掘的数据和关键点。

二、基础数据质量堪忧

商业智能工具主要依靠对大量数据的挖掘，从而得到数据间隐含的关系和趋势，其前提条件是企业要积累大量基础数据，并且这些基础数据要有较强的准确性与可靠性。因此，企业只有在应用传统的人力资源管理系统几年后才有可能使数据积累达到一定程度，才能选择加入使用 BI 系统。而且以前很多企业，尤其是中小型企业，其前期的历史数据累积不够，或者即便积累足够量的历史数据，但其数据的可靠性值得怀疑，严重影响了商业智能工具的使用效果。

三、企业信息系统落后

即使在那些已经将 BI 技术应用于人力资源管理系统的企业中，也经常因为信息系统的滞后积压了大量报告，商业智能的决策流程常常变得缓慢和低效。另外，目前人力资源管理部门所掌握和分析的信息仅限于企业内部的人力资源静态信息，包括员工台账、人员档案、考评数据等。不仅信息量极小，而且信息的参考价值也十分有限。以目前的人力资源信息系统发展水平，即使结合商业智能工具的数据处理和分析能力，要预测企业未来人力资源的走势，预判员工的成长曲线、离职倾向等，也是一件十分困难的事情。

第三节　基于大数据的人力资源管理

在大数据时代，人力资源管理部门的工作方式逐渐从经验管理和表单模式演变成为依赖大量结构化和非结构化的数据进行分析和预测，即用数据、事实、科学手段以及准确的评价性研究或案例研究，为人力资源管理方面的建议、决策、实践及结论提供支持。谷歌人力资源管理决策都是通过强大的"人事分析团队"来引导的，他们强调两大目标：一是所有的人事决策都基于数据和数据分析；二是人事决策所采用的精确化水平与项目决策相同。

在大数据背景下，不仅数据的体量变大了，而且数据变得更加开放和易于获取，这就为基于大数据的人力资源管理决策提供了可能。例如，在研究员工离职问题时，普通心理学和大众心理学一般将绩效持续下降、考勤异常、疏远团队等现象作为员工离职的先兆。但这种预测方法一是需要人工观测，耗时耗力，主观性较强；二是员工表现出的这些征兆，往往发生在离职之前，挽回的余地较小。如果利用大数据技术，结合员工的个性、职业发展规律、行业特征、企业特点和职业环境等要素，提前2~3年预测员工的离职倾向，将给人力资源管理带来更多的预见性和精确性。谷歌正是借助自己开发的一个数学算法，积极并成功地预测到哪些员工很有可能会离职，使得管理者可以在为时过晚之前采取行动，并为员工留任提供个性化解决方案的空间。具体来说，大数据背景下，企业人力资源管理的各个职能都将面临新的发展机遇与挑战。

一、基于大数据的人员招聘与选拔

目前企业的网络招聘主要借助官网及传统招聘网站发布信息，人力资源管理人员进行简历初选，然后电话沟通，安排接下来的笔试和面试。与传统的招聘会相比，网络招聘既拓宽了招聘范围，也提高了招聘效率。但是，它也存在很多问题，如简历的真实性，缺乏诚意的应聘者（投递的方便性使应聘者在投递简历时不负责任）等，这些都大大增加了人力资源管理人员筛选的工作量和难度。另外，在人员选拔阶段也存在问题，普通的测评手段难以识别应聘者的伪装行为，评价中心技术虽然准确但成本太高。

在大数据背景下，一些传统招聘网站已经开始结合大数据技术的特征，研发出一系列利用社交网络为雇主提供招聘服务的产品。例如，专注大数据分析的人力资源公司"数联寻英"和雇主品牌咨询及招聘服务商 HiAll 联手推出的基于大数据的精准员工推荐模式及解决方案——人才雷达（Talent Radar）。人才雷达是一个基于云端、利用大数据定向分析和挖掘、帮助企业寻找适合人才的员工推荐平台。它的主要模式是：员工登录系统并关联其社交网络（微博、人人等），在 HR 发布招聘信息之后，员工可以进行内部推荐；然后，人才雷达会通过大数据社交网络和简历数据库数据挖掘和分析，提出一套同时面向求职者和招聘官的双向扩展匹配算法，找出同公司员工有关联的潜在求职者；最后可借助对应员工内推，或直接联系潜在应聘者这两种方式，帮助企业找到匹配人选。这种基于企业定制化的招聘需求，通过对社会化媒体及简历数据库中用户关系和文本描述数据的定向挖掘，帮助人力资源主管通过社交招聘这一全新模式成功实现精准化、智能化、个性化的员工推荐和筛选，让招聘工作变得更为简单、高效和有趣。

二、基于大数据的培训开发

网络时代的培训突破了传统培训在时间和空间上的限制，企业可以将培训内容发布到网站上，无论是在本地还是异地，员工都可以根据自己的需要，在合适的时间、方便的地点自主学习。员工之间还可以线上交流和探讨，并与培训师线上互动。但是，基于传统互联网的培训往往还是以讲师讲座的方式为主，培训时间较长，员工很难自觉完成对培训内容的学习，培训效果难以保证。对于培训需求以及培训效果的评估方面，企业还缺乏行之有效的手段和方法。

大数据则使得我们在培训的各个阶段都能够做到精确预测和评估，相对于传统的培训方式，大数据时代强调利用广泛的社交媒体开发以"短、平、快"或"小、精、专"为特点的"微培训"模式更加便捷、实时、高效的培训渠道。例如，将 QQ、微博、微信等应用于组织培训与学习，形成全新的培训模式，或者利用 MOOC（大规模开放式在线课程，也称"慕课"）等在线培训平台让员工自主学习，有针对性地提升自身素质，进一步提升培训效率。

三、基于大数据的绩效管理

随着企业信息管理水平的提高，很多大型企业，尤其是集团企业已经开始运用绩效管理系统软件，即从绩效计划到绩效结果的应用都在绩效考核系统中规范有序地进行，在整个考评过程中人力资源管理人员都可以监控、审核与提供帮助。这在一定程度上减少了人力资源管理人员的工作量，有利于建立规范化、定量化的绩效管理体系。但是大多数企业只选择一些可量化的关键指标考核员工的绩效，还有些企业过分追求量化，把一些本不易量化的定性指标也强行量化，影响了绩效结果的真实性和有效性。除此之外，对绩效考核结果的应用一般仅与薪酬挂钩，而很少应用于招聘效果的评估、培训需求的评估或者员工关怀等方面。

在大数据时代，先进的数据分析和处理技术使得企业能够搜集到员工或部门工作的所有工作痕迹，不仅可以从丰富、多样化的信息中找到其中的潜在关联性，预测员工的绩效表现，还可以关注员工的所有工作行为，从而更为全面地评价员工、部门以及组织绩效。

四、基于大数据的薪酬管理

企业的薪酬设计往往是影响员工工作满意度的重要因素。合理的薪酬水平既要保证在同行业具有竞争性，又要保证在企业内部具有公平性和激励性，这三者很难兼顾。

大数据背景下，以薪酬业务为主体的人力资源外包服务给我们提供了企业薪酬管理的便捷通道，如使用薪酬云平台了解行业薪酬现状。除此之外，还可以通过大数据提供的多样化渠道，如利用"晒工资"网站或者微信、微博的分享渠道，了解和挖掘关于薪酬的诸多数据，包括工资水平、福利类型、薪酬结构，甚至员工对工资的满意度等。只要拥有海量的薪酬相关数据，利用大数据的数据分析和处理技术，我们就能获得竞争对手的准确数据。

五、基于大数据的员工关系管理

随着互联网的普及，员工和企业的沟通越发便捷和广泛，企业可以利用多种形式和员工进行沟通交流。例如，在内部网站上建立员工个人主页，开设BBS论坛、公告栏、建议区、聊天室以及企业管理层的邮箱等。这对增强员工的参与意识、增强企业的凝聚力具有重要意义。但目前大多数企业仅限于员工之间的交流，员工与管理者之间的沟通较少，即使存在沟通，也通常是因工作需要而进行的正式沟通，缺乏人际情感交流。

大数据能够实现管理者与员工的互动性沟通，通过QQ、微信、微博等社交媒体与员工建立起好友关系，互相关注状态，了解彼此工作之外的另一面。通过主动获取社交网站的海量数据，管理者可以对员工的心理动向进行预测分析。

第四节　大数据背景下的企业组织变革

大数据背景下，人力资源管理对海量数据进行综合分析对比的把控能力要求更高。实现大数据时代下的人力资源管理创新，关键在于掌握数据的全面性、准确性、权威性、动态性，并通过数据挖掘、治理等技术，让这些数据服务于人才培养和开发，最终帮助企业实现战略目标。

大数据已经逐渐成为企业创新的重要资源。大数据不仅扩展了企业创新活动的范围、降低了研发成本，还成为企业研发成功的关键要素。要充分利用大数据技术，充分挖掘大数据对企业组织创新的潜在贡献，如苹果、谷歌和海尔等企业，已经建立起了基本的大数据分析应用能力，并利用大数据取得了产品和服务的研发成功，初步形成了基于大数据的企业组织创新模式。

人力资源作为组织中最重要的无形资源，其战略意义越发凸显。战略人力资源管理要求人力资源系统与组织战略执行系统保持内外部一致性。当组织发生变革时，人力资源系统也必然随之进行变革。大数据背景下组织需要适应新的环境，新的环境要求组织必须实施变革，而组织变革又对人力资源系统提出了新要求。根据已有学者的相关观点，结合大数据背景下的时代特征，对人力资源系统变革做出了以下的总结。

一、转变人力资源管理思维

《大数据时代》一书的作者维克托·迈尔指出，大数据颠覆了千百年来人类的思维惯例，对人类的认知和与世界交流的方式提出了全新的挑战。据此，人力资源管理的思维也要发生相应变化，具体包括以下几个方面。

第一，人力资源管理者首先应具备大数据思维。不仅需要战略上具备对人才需求变动的洞察力和前瞻性，在日常管理中也要具备敏感性、专注力和创新思维能力。同时，还要注重向员工灌输，形成全方位立体式的大数据思维。

第二，必须将人力资源大数据视为组织中的重要生产要素。人力资源管理部门每天需要接触处理的信息量逐渐变大，数据种类也日益多样化。例如，记录员工基本信息、实际工作绩效情况、受训情况、人工成本、人力资本投资回报率、员工满意度、员工敬业度、员工绩效考核、核心员工流失率等，这些数据为组织决策以及持续竞争优势的获取提供强劲的人力资源保障。

第三，人力资源决策从"经验＋感觉"模式向"事实＋数据"的模式转型。大数据背景下，科学决策需要人力资源管理系统不断汇集、整理、分析和挖掘各项人事业务及信息，开发和利用这些大数据信息的价值，制订与公司战略一致的人力资源战略和规划。管理者必须树立全新的管理思维，实现人力资源管理和大数据技术的有效结合。

二、真正实行战略人力资源管理

战略人力资源管理要求人力资源管理部门帮助企业高层管理者设计战略规划，制定支持组织整体战略规划的部门职能战略，提供实现战略的人才支撑。大数据时代的到来，组织的外部环境不断变化，竞争使产业融合加剧，新的业态快速出现，企业的战略制定周期越来越短，组织的战略目标处于不断变化和调整之中。人力资源管理作为企业内外部环境的有效连接者，必须树立战略人力资源管理的理念，实现从以往的因果关系到相关关系的思维变革，建立在相关关系分析法基础上的预测成为大数据的核心。一方面利用大数据资源和大数据技术洞悉企业面临的风险和挑战，在未来环境和组织目标可能发生变化的前提下进行预测分析，以确保企业长期、中期和短期战略实施的人力资源需求；另一方面，大数据将人力资源管理的角色清晰分为战略伙伴、人力资源专家、员工支持者和变革推动者四类，形成具有外部匹配与内部匹配的配置结果，提升人力资源管理效率，促使企业战略人力资源管理真正"从幕后走向前台"。

三、改变人力资源管理的内容和体系

人力资源管理的内容更加精细化和高效化，这体现在人力资源管理的各项职能领域。利用大数据发现与选拔人才，可以尽可能地做到全息搜索，应聘者的各类信息无论是个人视频照片、工作信息、生活状况、社会关系、能力情况都可能被人力资源管理部门所了解掌握，从而形成关于应聘者的综合立体信息，实现精准的人岗匹配，利用人才素质模型雷达图等大数据信息和技术，从一些大型的人力资源数据库中找到隐藏其中的信息，帮助决策人员找到数据间的潜在联系，从而有效地进行人才测评。惠普公司利用大数据搭建的离职风险评分系统，成功地帮助公司降低了离职率。大数据催生了新业态和新职位的出现，部分职位职能和职位关系要求被重新确立。

第五节　招聘管理创新

招聘是人力资源管理最为常见的职能活动，它通常包含两方面的含义：一是招募，指吸引合格的候选人；二是甄选，指运用科学的测评手段从合格的候选人群中识别出能够成功完成工作的人的过程。人才获取困难、人才流失严重，是目前很多企业都面临的用人难题。谷歌公司是大数据招聘的成功典范。谷歌通过开发的一个算法，预测应聘者在获聘后是否具有最佳生产率，并能鉴别面试背后所隐含的价值，显著缩短聘请员工的周期。谷歌还针对被拒绝的简历开发了一个算法，用以分辨是否有任何可能错过的优秀应聘者。他们发现错失率只有 1.5%。大数据对我国企业人力资源管理活动的影响也主要体现在人员招聘方面。

一、利用大数据提高企业的网络招聘效率

目前国内的招聘网站，都设置了基本的大数据处理功能，即根据应聘者输入的信息对应聘者在目标职位中的竞争力进行分析。另外，用人企业通过对网站页面点击频率的分析，可以与网站协调招聘广告的位置布局，增大企业对应聘者的吸引力。例如，大数据发现用户更习惯发现并点击屏幕右侧的招聘信息；在手动切换广告中，用户点击第二张图的概率更大等，这些分析结果能够避免招聘企业撒网似的信息发布行为，节约招聘成本，提高招聘效率。

二、利用社交媒体招聘

QQ、微信、微博等社交媒体，特别是新浪微博这个具有媒介属性的社会化媒体，每时每秒都在产生亿级的文本话语，且它每天产生的这些数据可以在一定规则开放性下通过应用程序接口（APD）和爬虫技术采集。在新浪微博上，企业通过专门的招聘账号，既可以利用微博的传播机制迅速实现招聘信息的传播，还可以通过发布多种多样的微博内容来达到吸引求职者和建立雇主品牌的目的。此外，雇主和求职者之间可以方便即时沟通交流，雇主还可以通过查看潜在候选人的微博，来了解其性格、品牌爱好、生活方式甚至价值观等信息。此外，职业社交网站正成为新兴的招聘形式，与传统招聘网站不同，这些职业社交网站强调个性化服务，企业和求职者可分别展现职位亮点和技能亮点，而且职业社交网站更加注重社交的功能，强调"人际圈"的重要作用，依靠大数据，职业社交网站可能会实现更智能、精准地为企业匹配人才。

三、将移动设备接入招聘

移动互联网的飞速发展正在改变着人们的工作、学习、生活以及社交方式，尤其是 4G 的到来，将进一步加强这一趋势。因此，移动互联网也将改变企业与潜在应聘者的互动方式，智能手机等移动设备将成为企业招聘中的重要工具之一。例如，大街网新推出了移动端的 APP，实现了基于真实地理位置的即时招聘，集 LBS、匿名、社交于一体，使企业和求职者能清晰定位人才与机会，实现真正的人才与机会的面对面，通过其即时聊天功能，双方还可以随时发送名片、语音、位置以及高清大图，提高招聘的效率。

四、利用大数据完善传统的测评工具

在大数据背景下，测评问卷的内容需要完善，除了传统的心理测试、能力测试等直接测试题目外，一些间接甚至表面上不相关的题目也可以体现出求职者的隐性素质。例如，在风险预测方面，员工的流动倾向也可以根据大数据分析得出结论；有一两个朋友圈的雇员会比有多个朋友圈的员工对企业的忠诚度更高等。尽管我们找不出其中的因果关系，但这些结论有助于我们进行人员甄选。

五、利用大数据分析候选人性格与工作的匹配度

人格测试现在已经广泛应用到企业招聘、心理学测验、内部人才盘点及职业规划、职业测试等众多领域。人格测试中应用大数据能够消除某种性格被人为赋予的秉性，也可避免题目本身的显性特点影响求职者的选择趋向。一些我们认为优秀的性格，如"诚实"，往往是公司遴选人才的一个重要标准。但是经过大数据分析发现，诚实的业务人员的业绩表现并不很好。在大数据背景下，企业应该综合利用各种测试工具对应聘者是否匹配工作进行全面考查，既可以提高企业人力资源管理水平，又可以提高员工工作满意度。

第六节　数据众筹模式下的胜任力模型构建

相对于传统的基于智商的人才选拔理论，胜任素质模型理论突出了以下几个方面的特色：第一，绩效导向。胜任素质模型判断要素有效性最重要的标准就是能够将绩效表现优秀的员工与其他员工区分开来，这是麦克利兰胜任素质理论最核心的内容。第二，强调数据验证。胜任素质模型强调用定量验证的方法对模型要素的有效性进行检验，通过对每个要素在优秀员工识别上的有效性验证模型要素的取舍选择。第三，BEI（Behavior Event Interview，行为事件访谈）法开发胜任素质模型。冰山模型作为胜任素质理论最经典的形象化阐述，对底层特质给予高度重视。由于底层特质是难以观察的，只能通过行为差异进行预测。

一、胜任素质模型开发在人力资源实践中遭遇的问题

胜任素质模型理论是对以智商为基础的人才选拔方式的重大变革。但在实践中，胜任素质模型的开发和使用却遇到了很多困难和障碍，开发出来却弃之不用的情况也极其普遍。究其原因不外乎以下几点：第一，绩效标准数据缺失。胜任素质模型以绩效表现作为判断模型要素有效性的主要标准。而在实践中，很多企业缺少有效的绩效评价体系，尤其是那些绩效量化程度较低的岗位，很难进行有效的绩效评价，自然胜任素质模型的开发也存在较大困难。第二，数据样本量和规模不够。当前胜任素质模型的开发与评价主要以某个企业中的员工为样本，样本规模和有效性受制于某个特定的企业，胜任素质模型的推广受到较大挑战。第三，建设成本较高。作为胜任素质模型开发的典型方法，行为事件访谈法耗时耗力，尤其当样本采集需要跨地域进行时，人力、物力消耗巨大，所以很多企业只能更多地借助专家经验来判断数据的有效性。第四，对模型开发者个人的依赖性较高。采用行为事件访谈法，对访谈者的个人素质要求较高，访谈者的个人专业水平、经验、沟通能力等都会对模型的有效性产生很大影响。第五，模型难以有效应用。用 BEI 开发胜任素质模型，开发过程与评价过程脱节，导致开发后的模型使用率不高。企业胜任素质模型大多由管理咨询顾问或企业 HR 完成，模型建成以后，在应用方面经常缺乏有效的落地工具，最后变成"一杆花枪百般耍法"，应用程度更多取决于使用者个人的理解和偏好。也有人力资源专家提出了基于战略的胜任素质模型建设，但是该类建设方法通常缺少绩效指标的数据验证，与胜任素质理论的根本特征存在较大偏离，属于在实践中追求效率与成本平衡的一种权宜之计。

二、基于互联网与数据众筹模式探索胜任素质模型的开发与构建

众筹，通常被理解为大众筹资或群众筹资，一般由发起人、跟投人、平台

构成。众筹具有低门槛、多样性、依靠大众力量、注重创意的特征。众筹概念早期主要应用于资本领域，现正在向创作、新闻、管理等领域拓展。"数据众筹"借鉴了众筹的概念，但在应用领域及实现方式上与众筹有根本性差别，是伴随着互联网、云计算和大数据的发展而产生的一种全新的数据价值挖掘模式。它通常是以信息技术平台为基础，以多用户多终端协同数据参与共享为核心，以数据常模及挖掘结果即时分享和动态反馈为特点，能够进行用户化、网络化、信息化、动态化的数据价值挖掘与分享。以"数据众筹"模式开发人员胜任素质模型具有以下特点：

（1）用户参与。"用户"的概念是互联网的一个重要特点，互联网思维很大程度上就是"用户"思维。获取用户的关键在于要尽可能频繁地与之发生联系和交互。无论是雷军的"发动群众"还是周鸿祎的"极致体验"，无不与"用户"有关。用户参与是指在胜任素质模型开发过程中，过去的 BE1"访谈对象"将转变为参与模型开发的"用户"。这意味着不同企业、不同岗位的员工均可以在互联网上注册，发表自己的观点和看法。同时，参与结果数据共享，即参与模型开发的"用户"不仅仅是数据的"贡献者"，同时也是相互的"分享者"。通过信息技术，直接展现个体与总体样本分布的相互关系，直观识别不同类型岗位人才在不同素质要素上的长短板结构特性。通过基于分类 TAG 的样本集自适应，可以便捷地对样本集比较的范围和结构进行界定。

（2）数据平台化。这是用户参与的技术保障，也是企业数据集成的表现形式。用户参与意味着员工希望自己能够接触实际绩效数据，而不再寄希望于企业 IT 人员，目前通过互联网信息技术，搭建起一个可以随时随地参与的数据分享平台，素质模型要素的"拥有者"可以通过成为平台用户，实现数据的实时"云"共享。

（3）迭代算法。互联网信息技术可以通过算法模型构建，便捷地实现数据的迭代和快速更新，甚至可以通过对显著性差异临界点参数的设置，实现数据的实时动态优化。素质模型使用过程中的数据，可以实时作为新的数据纳入素质模型要素的有效性验证计算过程中，从而更加快速地适应多变环境下的素质模型建设需求。

（4）基于动态面板数据的大样本检验。通过"用户"模式，基于数据平台可以构建起一个长期的动态面板数据，并且可以通过时间序列数据采集，来突破传统横截面数据在素质模型建设上的局限性。这种样本数据采集方式充分发挥了互联网的优势，相对于过去的基于某个时点及该时点之前历史数据的素质模型效标，样本的规模更大、代表性更强，增加时间序列数据后，素质模型对未来绩效的预测也将更加准确，更加有利于分析发现传统素质模型开发过程中的伪相关现象。

（5）开发即评价，评价即开发。基于互联网的素质模型开发过程，数据采集过程、参数验证计算过程可支持相互迭代同步进行。同时，在线的结构化采集过程为在线的结构化评价提供了极其便利的条件，基于互联网云计算的结构化采集过程中的数据，可以通过设置有效性检验的接受条件参数，自动形成在线的结构化评价工具。

从上文论述可以看出，基于互联网的数据众筹对人才素质模型的开发、评价具有重要的借鉴意义。在长期从事互联网人才服务的咨询与研究工作中，我们初步搭建了数据众筹模式下的胜任素质模型开发流程。

该模型的核心是一个基于 B/S 结构的第三方的素质模型开发与评价平台，素质模型构建专家通过平台管理员提供初始的素质模型要素结构和参数设置。在该平台上的用户分为两类，一类是个人用户，另一类是企业用户，主要指企业中组织发展和人才管理部门的负责人。其中个人用户是"个人素质数据"的拥有者，通过注册参与评价成为"个人素质数据"的贡献者。企业用户是"效标数据"的拥有者，也是"效标数据"的贡献者。考虑到管理实践中部分企业绩效数据缺失的现状，系统支持自评和 360 评价等功能，以弥补现实中企业用户绩效数据缺失的现实性问题。针对两类用户的数据，系统自动进行关系验证与分析，在给定条件下能够将绩优员工与其他员工有效区分的最关键要素识别出来。在要素识别的同时，系统还基于个人用户的数据分布计算，对常模数据进行调整，从而实现了素质模型的开发与评价的一体化。

第七节　培训管理创新

培训是指帮助员工获取新技能、新知识以提高其绩效的学习过程。作为员工看重的人力资本投资之一，企业培训活动也不可避免受到大数据的冲击与影响。随着信息技术日新月异的发展，人类传播活动进入微时代，即以短小精悍作为信息化传播特征的时代。E-mail、QQ、飞信、微博、微信等新媒体形式的不断出现，不仅改变着大众的信息传播方式，也改变着我们的工作方式。如何利用大数据提高员工参训的积极性，使培训形式更加灵活、高效，进而把培训转化为员工业绩的改善与提升，是企业培训管理者需要考虑的问题。

一、培训需求评估阶段

除了传统的问卷调查与访谈外，企业可以通过各种渠道获取大量信息，如微博、论坛等，从员工的行为细节中挖掘其真实的想法，从杂乱的数据中寻找员工真正的需求。如果一名员工在微博上抱怨今天由于 CXCCI 操作不当而导致部分工作出现错误，这时我们就可以分析原因：是否以前的员工培训中缺少办公软件的应用培训，才导致员工的熟练性不够？我们还可以通过对此条微博的回复来查看其他员工的态度。如果大家回应激烈，那么我们就可以将 CXCCI 等办公软件培训作为可能的培训需求列出来，正式征得员工同意后作为当期的培训内容。同时，也可以基于这些社交平台，由培训负责人建立 QQ 群或微信群，公开征求员工的意见，让员工自报培训需求与课题，再由培训师负责汇总课题并告知员工。

二、培训实施阶段

长期以来，企业培训都主要采用统一培训的形式，强调由上至下的收益率，这种强调全员统一参与的培训方式难以保证培训的最终效果，甚至导致员工的不满和抵触。"微培训"正是基于网络平台，以"短、平、快"的方式开展培训。借助新媒体，以学员微讲座、微论坛等形式构建学员自主探究、合作学习的新型培训方式。这一培训模式的特点主要在一个"微"字上，其"小、精、专"的特点适应了微时代信息传播的特征，它将成为企业与时俱进、创新发展的必然选择。

与传统的培训方式相比，"微培训"在形式上更为自由、灵活，内容上更加精准。首先，企业可以综合运用 QQ 群、微博、微信朋友圈等平台，汇集相同职位、相同技术的员工，以培训对象为核心，构建开放式的环境，向培训对象传播"微知识"和"微技能"，通过学员、群体间的层层传递和放大，形成纵横交错的培训"辐射网"，使员工培训内容相互交叉、多层覆盖，在更短的周期内补足员工"短板"。这种形式不受时间、地点的限制，让员工在工作之余"见缝插针"地学习，能有效地解决"工学矛盾"。其次，在培训资源上，应力求精准，即培训时间不宜过长，内容相对集中，注重员工对培训内容的消化。要鼓励员工自主自发地去加入自己感兴趣的"圈子"，关注感兴趣的话题，主动参与到培训中去。鉴于此，可以建立内部培训超市，培训课题、形式多样可选，既包含专业技术、通用素质、企业管理等内容，也涵盖个人修养、文学兴趣、音乐熏陶等；通过微信或 QQ 群等新媒体平台建立公司内部的"好友圈"，将同行业里有共同爱好、共同知识需求和观点的员工吸纳进来。而企业只是搭建平台，不参与任何观点，这让员工们相互交流、自主学习的兴趣更浓，在无形中提高了员工的信息化能力和专业化水平，还巧妙地达到知识传递、成果分享的良好效果。需要注意的是，培训组织者在开展"微培训"时也需要做大量的组织工作，如培训前做好规划和准备、培训中做好过程评估和信息管理、培训后做好资料整理等。另外，培训组织者还要适时引导，既要营造开放、轻松的学习环境，又要注重对主流文化的宣导和传播，随时把握内部思想向着积极、健康的方向发展。井杰提出，企业应注重精英、骨干的带头作用，借助内部宽松的交流平台，将他们在本专业、岗位的先进经验、生活积累、人生感悟等积极、正向地传播给员工，借助"圈子"的正能量影响员工。

除了借助新媒体开展"微培训"外，企业还可以利用在线教育平台作为辅助培训手段。在线教育平台又称 MOOC（massive open online course），即大型开放式网络课程，最早产生于美国。美国的顶尖大学，如斯坦福大学、哈佛大学、麻省理工学院等，陆续与 MOOC 合作，在线提供免费课程，给更多人提供了系统学习的可能。MOOC 与以往的在线教育不同，它不再是单纯的教学视频，而是需要配合平台作业、检测和讨论。MOOC 包含丰富的资源，教师讲解、学生互动、多媒体资料等各类数据立体呈现，帮助企业在发展数字技术的同时实现员工之间的沟通与合作，甚至帮助员工改善社交生活。企业借助 MOOC 平台，鼓励员工结合工作需要和自身职业生涯规划，针对性地进行自主学习，并可通过设定课程学分的方式激发员工的主动性和自学能力。另外，MOOC 的特色还在于其增加了行为评价和学习诱导成分。大规模地免费开放使得该学习平台能收集到海量的数据，从而有条件分析世界各国学习者的行为模式。例如，通过记录鼠标的点击，可以研究学习者的活动轨迹，发现他们对各类知识点的反应，掌握所花费的时间，从而分析出需重复和强调的重点，选择更有效的教授方式。记录单个个体行为的数据似乎是杂乱无章的，但当数据累积到一定程度时，群体的行为就会在数据上呈现一种秩序和规律。通过分析这种秩序和规律，未来的在线学习平台可能会弥补没有面对面交流指导的不足。

三、培训效果评估阶段

大数据可以全面收集员工参加培训前后各方面的工作数据，利用离散分析、回归分析等数学模型来评估培训效果。目前很多企业出于资金或实施难度等方面的考虑，对培训效果的评估只停留在反应层次和学习层次，即只是简单地向受训者发放问卷，或是对受训者进行一次测试。有的企业虽然也进行行为方面的评估，但采用的是随机抽样的方式，以少数员工的结果来推断整体培训效果，这种做法无疑存在以偏概全的风险。大数据的一个重要的特点就是用全体样本代替随机抽样，分析整个数据，而不是对个别样本进行分析。收集的数据越多，分析的结果越准确。通过大量数据的收集和分析对比，企业可以测定员工在培训后行为是否有所改善，是否运用培训中的知识技能，整个组织是否真正从培训中受益。

第八节　绩效管理创新

绩效管理是企业人力资源管理的核心职能，它包括绩效计划制订—绩效辅导沟通—绩效考核评价—绩效结果应用—绩效目标提升这样一个循环过程，其最终目的是持续提升个人、部门和组织的绩效水平。借助协同管理的"业务关联思想"，大数据可能会成为提升组织绩效的一个新途径。协同管理就是打破资源（人、财、物、信息、流程等）之间的各种壁垒和边界，对资源进行时间、空间和功能结构的重组，通过最大限度的开发、利用和增值，达成共同目标。

从表面上看，企业业务被划分为各个业务环节并归属到不同部门或不同人负责，实际上这些业务环节之间有着千丝万缕的联系，它们都服务于企业的共同目标，这就是协同管理的业务关联思想的实质。例如，做一个校园招聘会，会涉及招聘宣讲方案和宣传材料（人力资源部）、招聘岗位（业务部）、相关物资领用或采购（行政部）、发票和费用（财务部）等。如果我们只关注某个或某些业务环节，就无法对其他相关业务环节进行统筹管理。通过建立一个协同管理平台，可以整合所有这些业务环节并纳入平台统一管理，任何一个业务环节的运作都可以轻松启动其他关联业务的运作，并对相关信息进行及时更新，实现业务与业务之间的平滑链接。

协同管理平台主要通过协同管理软件加以实现。通过协同软件，无论是内部员工还是外部资源，所有的业务信息、文件流转、流程审批、知识共享和绩效考核都将在一个统一平台上完成，让企业的人、财、物、信息、流程等资源实现紧密连接和高效协作。而这些关联的数据也都记录在这个平台上，日积月累形成了大量管理数据。这些数据看似庞杂却暗藏玄机，为组织绩效的分析、挖掘和改进提供了充分依据。

一、基于协同管理平台全面评价员工绩效

目前，KPI（关键绩效指标）是企业绩效考核的主要方法。KPI 依据 20/80 定律设计，用 20% 的定量化或行为化的要求完成至少 80% 的绩效产出，完成关键绩效指标就基本能完成公司总体目标。因此，KPI 具有明确的战略导向。但是在实际操作中，KPI 还是被作为一种管理控制的手段，强调其评估和激励的功能。所以被选取的 20% 的关键指标大多是量化、易衡量的指标，注重员工本人对个人绩效的控制感；那些不易量化、不易控制的指标，如创新能力、团队合作意识等被集体忽略，而这些指标往往成为大数据背景下企业获得竞争优势的源泉。单纯追求 KPI 的绩效主义已经越来越受到业界的质疑和批评，因为它偏离了企业战略导向的功能，彻底沦为测量绩效与控制员工的手段。

协同管理平台却可以将员工个人或部门的所有工作痕迹都记录并保存下来，企业能够方便地关注到曾被 KPI 所忽略的 80% 的非关键行为，为企业全面评价员工绩效提供可能。基于协同管理平台，企业不应该单纯关注 KP1 而应该关注员工的所有工作痕迹，从企业经营的方方面面完整评价员工工作绩效，如工作计划完成情况，人力成本情况，其为企业带来的直接收益有多少、间接收益有多少，其对企业的知识贡献和积累有多少等。由于协同软件是基于工作流程的，它对角色和任务的分配有详细的记录与存储，所以员工的工作痕迹是有据可查的。基于三维网状模型的协同软件为员工绩效管理提供了强大的信息系统支撑。以公司采购人员的绩效考核为例，系统找到员工个人数据这一信息

点，与此信息点相关的业务流程、处理过程等都可以被清晰地提取出来，包括其管理的供应商、处理过的采购业务、撰写的文档资料等。也就是说，只要权限允许，在协同管理条件下，被考评员工的所有相关文档、客户、资产、产品、服务、项目、工作任务以及相关的财务信息都能展现在你的面前，为全面客观的绩效评价奠定了坚实的基础。

二、构建基于协同管理平台的平衡计分卡绩效考评体系

平衡计分卡是当今影响力较大的一种企业绩效分析方法，它是有效落实企业战略的实施工具，旨在通过四个维度（财务、客户、内部流程和学习/成长）对绩效进行全面衡量。

构建基于协同管理平台的平衡记分卡系统，一方面，全体员工可以通过协同平台参与到公司战略制定的讨论中去，并可快捷有效地将最终战略传达给员工，而平衡计分卡所有内容都将围绕这一战略而展开；另一方面，它为平衡计分卡的建立与实施提供了一个强大平台。在组织远景与战略确定后，沟通、业务规划和反馈与学习都可以在协同平台上完成。通过多个业务单位、职能部门共享统一平台和服务系统相互之间传递信息与知识，实现财务、客户、内部流程、学习与成长四个维度的相互作用，从而产生协同效应。同时，这些数据和信息将被完整记载下来，加之与四个维度相关联的财务管理、客户关系管理、项目管理、工作流程管理、知识管理等板块的信息也集成到了这一平台，为基于平衡计分卡的绩效考核提供了较为完整的基础数据系统，也为庞杂的指标体系的处理提供了技术支持。

三、将绩效考核结果作为其他人力资源管理职能执行或评价的依据

协同管理平台可以记录每位员工从入职到离职的所有工作痕迹，由此企业

可以很好地实现人力资源管理各项职能之间的有机联系。绩效考核的结果除了用于薪酬福利发放和晋升决策之外，还可作为评价招聘有效性、培训需求分析及有效性评价、员工职业生涯规划等活动的依据。企业可以通过计算一定时期内某员工能为公司所创造的价值与公司为雇佣该员工所需支付的人力成本之比来评价招聘的有效性；可以通过绩效结果及相关记录来测评员工实际绩效与岗位工作标准的差距，进而确定培训需求；培训结束后，也可以通过对比培训前后的绩效表现对培训效果做出评价；企业还可以通过分析员工的绩效表现和所有工作记录，结合员工的兴趣爱好、能力特长，为员工职业生涯提供科学的指导和建议等。

第九节　薪酬管理创新

薪酬管理是目前人力资源外包业务的主体。大数据背景下中国人力资源外包迎来了长足发展，而基于云计算技术的人力资源服务已成为人力资源行业的发展趋势。在薪酬管理业务流程外包领域也早已通过云平台的使用，为企业管理者和 HR 部门应对大数据时代薪酬管理方面的挑战指明了新方向。

除了薪酬外包之外，如果企业自己进行薪酬管理，大数据同样给我们提供了收集薪酬信息和进行薪酬决策的多条路径。

一、充分利用"晒工资"网站

"晒工资"现象发展至今，主要有三类"晒工资"的网站：一是各大论坛（如搜狐圈子、天涯论坛、百度贴吧以及各地方论坛）所分离出的晒工资吧。二是逐渐兴起的专业晒工资网站，如分智网等。这些专业的晒工资网站可以对各公司的平均工资、各地区的工资、各职位的工资进行整理与分析，目前分智网已拥有超过 80 万家公司的信息，超过 400 万的注册用户，拥有近 300 万的薪水信息及评论信息。三是职业社交网站。近年来，中国的职业社交网站用户规模增长迅速。可以预见的是，在大数据背景下，职位平均工资、企业平均工资、行业平均工资、地区平均工资等数据以及排名将会飙升至 EB 量级，数据分析的准确性和代表性将会更加精准。

二、借助薪酬云平台实现自助式薪酬管理

自助式薪酬企业根据员工的需求制定一揽子薪酬支付方式，由员工选择自己中意的薪酬组合方式。自助式整体薪酬体系具有很强的弹性，员工完全可以在企业给定的框架内根据个人的需求进行相应的调整与组合来建立起自己的薪酬系统，同时随着自己的兴趣爱好和需求的变化做出相应变更。这一薪酬制度有两大特色："以员工为中心"和"定制性与多样性"。"以员工为中心"意味着企业将摒弃传统的"我付钱，你工作"的薪酬思路，切实履行"与财富创造者分享财富"的创新观念；"定制性和多样性"则意味着承认并不存在一套普遍适用于所有人、所有组织的最佳薪酬方案。事实上，对不同的人、不同的组织、不同的发展时期，薪酬方案的设计应该有所不同。

目前实现员工自助式薪酬管理有两条途径：一是借助专业外包公司的薪酬云平台实现自助式薪酬支付，如 51Payron 薪酬无忧平台；二是企业通过协同办公门户的员工自助模块来实现这一功能。对许多中小企业来讲，由于自身的人力资源管理水平相对薄弱，借助外包公司的薪酬云平台是一条捷径。通过云计算模式提供全面的薪酬管理服务，不再需要购买硬件、安装软件，也无须建立自己的专业支持团队。以 51Payron 薪酬无忧平台为例，其薪酬计算引擎完全替代了薪酬专员费时费力的人工核查，对员工的薪资、个税、社保和商业福利进行在线管理，缩短了传统薪酬管理的实施周期。用户可以通过智能手机、平板电脑或者个人电脑随时访问平台，查看自己的薪资社保运行状况。对大型企业或集团企业来讲，它们拥有较专业的人力资源管理队伍和强大的信息管理系统，因此，这类企业可以通过自己的员工自助平台帮助员工实施薪酬自我管理，包括员工参与个人薪酬方案的制订，企业通过协同平台对与员工相关的数

据进行分析与挖掘、了解员工兴趣和偏好，设定一揽子薪酬支付体系的基本框架和原则等。

第十节　员工关系管理创新

员工关系管理主要是指企业和员工的沟通管理，这种沟通更多采用柔性的、激励的、非强制的手段，以协调好雇主与员工、主管与员工以及员工与员工之间的关系。员工关系管理是目前唯一人力资源外包无法企及的领域。大数据条件下企业内部员工关系管理呈现出如下特征：

一、利用社交媒体搭建企业内部沟通平台

随着更多的 90 后进入企业，很多企业开始考虑将社交媒体纳入企业内部沟通体系。社交媒体可以帮助企业实现内部协作，让员工更加顺畅地进行互动交流，分享体验与创意。这也符合 90 后员工的主流生活方式和价值观，他们从小在数字环境里长大，乐于将工作体验和数字体验紧密结合在一起。这也为加强员工参与、知识分享以及企业文化建设带来好处。

国内很多大型企业（如华为）都开始建设自己的内部社交网络。除了传统的电子公告板（BBS）、论坛外，也包括融合即时通信功能的 SNS 社区。这些内部社交网络冲破了功能、地域和等级的界限，让员工彼此之间更为亲近，促进了持续的双向沟通，并鼓励了信任和透明度。通过这种方式，员工也在企业持续的创新和决策中扮演着越来越重要的角色。有些企业还允许员工通过发布帖子的方式就企业颁布的政策、措施给予评价和反馈，或者与跨职能或部门的内部专家进行互动交流。这些内部社交网络的运用对充分开发组织内的智力资本和社会资本、提升企业凝聚力和员工参与度起到重要的作用。

二、借助管理沟通软件实施企业内部沟通管理

搭建于互联网之上的云沟通软件成为实现企业内部沟通的最佳途径。"管理沟通云"也称为企业即时通信工具，它是一种针对企业办公人员的网络沟通服务平台。使用者可以通过文字、语音、视频等渠道进行即时沟通，也可以通过电子公告、电子考勤等协同办公软件进行沟通。著名的"管理沟通云"是IMO 云平台，也叫作互联网办公室，它于 2010 年年底正式商业运营，为全国超过 600 万家企业（约 2.2 亿办公人群）提供免费的专业化沟通服务平台。

在 IMO 云平台上有"云办公室"和"虚拟办公设施"两个部分，每位员工由企业分配一个"座位号"（即时通信账号）。新入职的员工可以登录"云办公室"一目了然地了解公司概况、组织结构、人员同事，大大减轻了人力资源培训专员的工作量。此外，员工还可以通过文字、语音、文件传输、视频对话等功能进行部门内或跨部门实时沟通，提高他们的参与意识，打造满意的雇佣关系。虚拟办公设施主要包括电子白板、电子公告、企业短信、电子传真、电子投票、网络文件柜、电子考勤、电子名片等，帮助企业人力资源管理者降低运营成本，提高工作效率。电子公告是企业信息的发布渠道，无论员工身在何地，都能够确保企业通知及时准确地送达员工，还可同步发送手机短信，让不在 IMO 上的员工也能及时收到公告。电子名片详细呈现了员工联系信息，包括手机、照片、传真、E-mail 等，为企业提供一个随时查找、信息动态更新的员工通信录。电子投票系统实时采集员工意见建议，并在投票结束后自动产生结果，方便、准确、公正，让员工充分参与公司决策，打造良好的企业文化。

第六章　大数据背景下人力资源规划

第一节　人力资源规划概述

人力资源规划处于整个人力资源管理活动的统筹阶段，为人力资源管理的其他活动制定了目标、原则和方法，其科学性、准确性直接关系着人力资源管理工作的成效。因此，制订好人力资源规划是企业人力资源管理部门的一项非常重要和有意义的工作。

一、人力资源规划概述

（一）人力资源规划的定义

人力资源规划是指组织为了实现战略发展目标，根据组织目前的人力资源状况，对组织人力资源的需求和供给状况进行合理的分析和预测，并据此制订出相应的计划和方案，确保组织在适当的时间能够获得适当的人员，实现组织人力资源的最佳配置，从而满足组织与个人的发展需要。具体而言，人力资源规划包括以下四方面的含义：

1.人力资源规划是对组织目标和组织内外环境可能发生变化的情况进行的分析和预测

市场经济条件下市场环境瞬息万变，组织内部和外部环境也会相应地发生变化，不断变化的环境必然会对人力资源的供给状况产生持续的影响。人力资源规划的制订就是要及时把握环境和战略目标对组织的要求，做出科学的分析和预测，识别和应答组织的需要，使组织的人力资源能够适应环境的变化，适应组织未来各阶段的发展动态，保证组织的人力资源总是处于充足供给的状态，为组织总体目标的实现提供充分的人力资源保障。

2. 人力资源规划的制订以实现组织的战略发展目标为基础

在组织的人力资源管理中，人力资源规划是组织发展战略总规划的核心要件，是组织未来发展的重要基础条件。组织的人力资源规划要根据组织的战略发展目标来制订，在组织对未来的发展方向进行决策时能够提供所需的数据和适当的信息，提高获取人力资源的效率及有效性，降低组织管理成本。

3. 人力资源规划的对象是组织内外的人力资源

人力资源规划的对象包括组织内部的人力资源及组织外部的人力资源。例如，对内部现存的人力资源进行培训、调动、升降职，对外部人力资源进行招聘、录用、培训等。随着组织战略目标的调整及组织外部环境的变化，应当及时制订和调整人力资源管理的方案，并有效实施。

4. 人力资源规划要实现组织目标与个人目标共同发展

人力资源规划是组织发展战略和年度规划的重要组成部分，它为组织未来的发展预先获取优秀的人才，储备人力资源，同时为合格的人才匹配最合适的岗位，为实现其个人价值提供机会，保证最大限度地激发人才的潜能，满足人才职业生涯发展的需求，做到"人尽其才""能岗匹配"，吸引并留住优秀的人才资源，最终达到组织目标与个人目标共同实现的目的。

（二）人力资源规划的目标

组织的人力资源规划是能够为组织人事管理工作提供有效指导的一种人事政策，人力资源规划的实质在于通过对组织人力资源的调整和确定，保证组织战略目标的实现。人力资源规划的目标是保证人力资源状况与组织各阶段的发展动态相适应，尽可能有效地配置组织内部的人力资源，使组织在适当的时候得到适当数量、质量和种类的人力资源。

1. 在充分利用现有人力资源的情况下，组织要获取和保持一定数量具备特定技能、知识结构和能力的人员

组织中现有的人力资源在组织中具有不可替代的作用，对这些人员进行规划，使之能够跟上组织不断创新的步伐是人力资源规划的主要工作内容。而具备特定技能、知识结构和能力的人员在组织中更是起到中流砥柱的作用，因此，人力资源规划工作的目标就是要根据组织的需要及时补充与岗位相匹配的人员，为组织进行人才储备。

2. 预测组织中潜在的过剩人员或人力不足

组织拥有的人员过多，并不必然促使经济效益更好。相反，人员过多会使组织的管理成本过高，从而减少经营利润。但是如果人员过少，又会由于产品数量不足，满足不了市场需要，从而导致经营收入降低。

德国人力资源专家马克斯在研究中发现，假设一个人有一份业绩，那么并不是人数越多，业绩就会成倍增加。实践中可能出现的结果是：一个人有一份业绩，两个人的业绩会小于两份业绩，四个人的业绩会小于三份业绩，到八个人时，这个团队的业绩竟然会小于四份。而美国人力资源协会做过的统计结果也表明，在一个三人组成的团队里面，有一个人是创造价值的；有一个人是没有创造价值的，是平庸的；还有一个人是创造负价值的。这似乎也印证了中国的那句俗话：一个和尚挑水喝，两个和尚抬水喝，三个和尚没水喝。因此，人力资源规划要对组织中潜在的人员过剩或不足情况进行合理的分析和预测，避免因人员过剩或短缺而造成损失，这样既可以降低组织用人成本，又有助于组织提高经营效益。

3. 建设一支训练有素、运作灵活的劳动力队伍，增强组织适应未知环境的能力

社会环境是动态的，国内经济的增长、停滞或收缩，政府对市场经济的宏观调控措施的严厉或放松，会影响行业的发展；行业的发展态势是继续保持现状、出现趋缓，还是竞争更加激烈，会对组织的人力资源供给产生重要影响，这种影响主要来自市场对组织产品需求情况的变化和劳动力市场对组织人力资源供给情况的变化。人力资源规划要求全面考虑相关领域的各种情形及可能出现的各种变化，培育一支训练有素、动作灵活的人员队伍，提早做好准备，应对未来环境的变化，使组织在变化中立于不败之地。

4.减少组织在关键技术环节对外招聘的依赖性

一般来说，在组织技术核心工作环节对掌握关键技术的员工依赖性比较大，科学技术的发展要求员工不断更新知识、创新技术。组织的人力资源管理部门应当不断地对他们进行充分的培训，让员工能够掌握最前沿的信息技术，为组织创造更高的工作绩效，而不必完全依赖对外招聘来获得关键的技术人才。

为达到以上目标，人力资源规划需要关注以下问题：组织需要多少员工；员工应具备怎样的专业技术、知识结构和能力；组织现有的人力资源能否满足已知的需要；是否有必要对原有的员工进一步培训开发；是否需要进行招聘；能否招聘到需要的人员；何时需要新员工；培训或招聘何时开始；企业应该制定怎样的薪酬政策以吸引外部人员和稳定内部员工；当企业人力资源过剩时，有什么好的解决办法；为了减少开支或由于经营状况不佳而必须裁员时，应采取何种应对措施；除了积极性、责任心外，还有哪些可以开发利用的人员因素等。

二、人力资源规划的作用

人力资源规划是人力资源管理各项具体活动的起点和依据，它直接关系着组织人力资源管理和整体工作的成败，更关系着组织战略目标的实现，它是整个组织战略的重要组成部分。

（一）人力资源规划是组织适应动态发展需要、提高市场竞争力的重要保证

人力资源规划是组织战略规划的重要组成部分，必须与企业的经营战略保持一致，为企业的整体战略规划服务。由于组织外部环境的不断变化，组织的战略也会进行相应调整，从而使企业对人力资源的需求发生变化，这种需求的

变化必然导致人力资源供需之间的失衡。因此，人力资源规划要求规划主体根据组织的长远发展目标和战略规划的阶段性调整，对人力资源进行动态统筹规划，预测人力资源的供求差异，努力平衡人力资源的需求与供给，及早制定出应对变化的调整措施，增强企业对环境的适应能力，使企业更有市场竞争力，及早实现企业的战略目标。

（二）人力资源规划是组织实施管理工作的起点和重要依据

人力资源规划对组织人员的招聘选拔、教育培训、薪酬福利、人员调整及人工成本的控制等工作都做了具体而详细的安排，是组织实施管理工作的起点。同时，人力资源规划还能提供大量的市场动态信息，使管理者能够随时了解和掌握社会环境中人力资源市场的变化状况，有效帮助组织进行工作分析，及时做出应对措施，为组织实施管理工作提供重要依据。

（三）人力资源规划能够帮助组织科学地控制人工成本

工资是组织人工成本中最大的支出部分。组织不断发展壮大，员工职位不断提升，会使工资越来越高，造成组织人工成本不断增加。人力资源规划能够科学地预测员工未来在数量、结构方面的变化，并改善组织的人力资源结构，减少不必要的人力资源成本支出，使之更加合理化，达到帮助组织科学地控制人工成本的目的。

（四）人力资源规划有助于调动员工的积极性

员工通过人力资源规划可以了解组织未来对各个层次人力资源的需求，可以有更多的机会参加培训，提高自身素质和工作胜任能力，从而充分调动自身的工作热情，为自己设计有利于个人发展的道路，能够增加对工作的满意度，在岗位上发挥能动性和创造性，提高工作质量。

三、人力资源规划的内容

人力资源规划是一项系统的战略工程，它以企业发展战略为指导，以全面核查现有人力资源、分析企业内外部条件为基础，以预测组织对人员的未来供需为切入点，内容包括晋升规划、补充规划、培训开发规划、人员调配规划、工资规划等，基本涵盖了人力资源的各项管理工作。人力资源规划还通过人事政策的制定对人力资源管理活动产生持续和重要的影响。组织的人力资源规划分为两个层次：一个层次是人力资源的总体规划，另一个层次是人力资源的具体规划。

人力资源的总体规划是指根据组织的总体战略目标制定的，在计划期内人力资源开发与管理的总原则、总方针、总目标、总措施、总预算的安排。组织的具体规划是指人力资源各项具体业务规划，是总体规划的展开和时空具体化，每一项具体计划也都是由目标、任务、政策、步骤和预算等部分构成，从不同方面保证人力资源总体规划的实现。人力资源具体规划包括人员补充规划、人员使用和调整规划、人才接替发展规划、人才教育培训规划、评价激励规划、劳动关系规划、退休解聘规划、员工薪酬规划、员工职业生涯发展规划等。

第二节　人力资源预测

在组织的人力资源规划中，人力资源预测是比较关键的环节，处于人力资源规划的核心地位，是制订各种战略、计划、方案的基础。组织要想保持竞争力，关键要看是否拥有具备竞争力的员工，而要想拥有合格的员工队伍，就必须做好人力资源的供求预测工作。

一、人力资源的供求预测

（一）人力资源供求预测的含义、特点

1.人力资源需求预测的含义

人力资源需求预测是指组织的人力资源管理部门根据组织的战略目标、组

织结构、工作任务，综合各种因素的影响，对组织未来某一时期所需的人力资源数量、质量和结构进行估算的活动。

2. 人力资源需求预测的特点

（1）科学性。组织的人力资源需求预测工作是按科学的程序，运用科学的方法及逻辑推理等手段，对人力资源未来的发展趋势做出科学的分析。它能够反映出人力资源的发展规律，因而具有科学性。

（2）近似性。由于人力资源需求预测是对组织未来某一时期所需的人力资源数量、质量和结构进行估算的活动，而事物在发展的过程中总会受到各种因素的影响而不断发生变化，因此，该预测只能对未来的预测做出尽可能贴近的描述，人力资源需求的预测结果与未来发生的实际结果存在一定的偏差，只是极为近似。

（3）局限性。在人力资源需求预测的过程中，由于预测对象受到外部各种因素变化的影响，因而具有不确定性或者随机性，使得预测的结果带有一定的局限性，不能表达出人力资源需求发展完全、真实的面貌和性质。

（二）人力资源需求预测的方法

人力资源需求预测是否科学、合理，关系到组织的人力资源规划能否成功，在制定时要充分考虑组织内外环境的各种因素，根据现有人力资源的情况及组织的发展目标确定未来所需人员的数量、质量和结构。人力资源需求预测的方法可分为定性预测方法和定量预测方法。定性预测方法是一种主观判断的方法，包括德尔菲法、微观集成法、描述法、工作研究法、现状规划法等。定量预测方法是利用数学手段进行预测的方法，主要包括劳动定额法、回归分析法、计算机模拟预测法、比率分析法等。

1. 定性预测方法

（1）德尔菲法。德尔菲法也叫专家预测法或集体预测法，是指收集有关专家对组织某一方面发展的观点或意见并加以调整分析的方法。德尔菲法一般采取匿名问卷调查的方式，通过综合专家们不同的意见来预测组织未来人力资源需求量。专家可以来自组织内部，如组织的高层管理人员或者各部门具体的管理人员，也可以聘请组织外部的专家。

德尔菲法的特点是：吸收专家参与预测，充分利用专家的经验、学识；采用匿名或背靠背的方式，使每一位专家都能独立自主地做出自己的判断；预测过程经过几轮反馈，使专家的意见逐渐趋同。由于这种预测方法是在专家不会受到他人干扰的情况下做出的判断，能够综合考虑到社会环境、组织发展战略和人员流动等因素对组织人力资源规划的影响，因此具有很强的操作性，在实践中被广泛运用到人力资源规划中。但是这种方法也存在不足之处，即其预测结果具有强烈的主观性和模糊性，无法为组织制定准确的人力资源规划政策提供详细可靠的数据信息。

此外，在使用德尔菲法时还应遵循以下原则：①挑选有代表性的专家，并且为专家提供充分的信息材料。②所提的问题应当词义表达准确，不会引发歧义，应当是专家能够回答的问题，在问卷设计时不提无关的问题。③在进行统计分析时，应当视专家的权威性不同而区别对待不同的问题，不能一概而论。④在预测前争取对专家进行必要的培训，了解该预测的背景及意义，使专家对预测中涉及的各种概念和指标理解一致，尽量避免专家在预测中出现倾向性选择信息和冒险心理效应。

（2）微观集成法。微观集成法是一种主观的预测方法，是指根据有关管理人员的经验，结合本公司的特点，对公司员工需求加以预测的方法。这种方法主要采用"自下而上"和"自上而下"两种方式。"自下而上"的方式是从组织的最底层开始预测人员需求，由组织内各部门的管理者根据本部门的工作负荷及业务发展，对本部门未来某种人员的需求量做出预测，然后向上级主管提出用人要求和建议。组织的人力资源部门根据各部门的需求进行横向和纵向的汇总，再结合组织的经营战略形成总体预测方案。"自上而下"的预测方式则是由组织的决策者先拟定组织的总体用人目标和计划，然后由各级部门再自行确定所需人员计划。

这两种方式还可以结合起来运用，即组织先提出员工需求的指导性建议，再由各部门按照该要求，逐级下达到基层，确定具体用人需求；同时，由人力资源部门汇总后根据组织的战略目标确定总体用人需求，将最后形成的员工需求预测交由组织决策者审批，形成组织的人力资源需求规划方案。此法适用于短期预测和生产情况比较稳定的组织。

（3）工作研究法。工作研究法是通过工作研究计算完成某项工作或某件产品的工时定额和劳动定额，并考虑预测期内的变动因素，以此来进行组织员工需求预测，即根据具体岗位的工作内容和职责范围，确定适岗人员的工作量，再得出总人数。此法易于实施，适用于结构比较简单、职责比较清晰的组织。

（4）现状规划法。现状规划法是一种简单的预测方法，是指在假定组织的生产规模和生产技术不变，且人力资源的配备比例和人员数量完全能够适应预测期内人力资源需求的情况下，对组织人员晋升、降职、退休、辞职、重病等情况的预测。根据历史资料的统计和分析比例，预测上述人员的数量，再调动人员或招聘人员弥补岗位空缺。该方法易于操作，适合组织中、短期的人力资源预测，适用于特别稳定、技术规模不变的组织。现状规划法的计算公式是：

$$人力资源需求量=退休人员数+辞退、辞职、重病人员数$$

（5）描述法。描述法是组织的人力资源部门对组织未来某一时期的战略目标和因素进行假定性描述、分析、综合，预测出人员需求量。此种方法应做出多种备选方案，以适应组织内部环境或相关因素的变化。

2.定量预测方法

（1）劳动定额法。劳动定额法是对劳动者在单位时间内应完成的工作量的规定，该方法能够较准确地预测组织人力资源需求量，其公式为：

$$N=W / q（1+/R）$$

N代表人力资源需求总量，W代表组织计划期内任务总量，Q代表组织定额标准，R 代表计划期内劳动生产率变动系数。

$$R=R1+R2-R3$$

$R1$ 表示组织技术进步引起的劳动生产率提高系数，$R2$ 表示经验积累导致生产率提高系数，$R3$ 表示由劳动者及其他因素引起的生产率降低系数。

（2）回归分析法。回归分析法是采用统计方法预测人力资源需求的一种技术方法。该方法主要是以过去的变化趋势为根据来预测未来变化趋势的一种方法，运用这种方法需要大量的历史业务数据，如组织的销售收入、销后、利润、市场占有率等，从这些数据中可以发现组织中与人力资源的需求量关系最大的因素，分析这一因素随着人员的增减而变化的趋势，以历史数据为基础建立回归方程，计算得出组织在未来一定时期内的人员变化趋势与人数需求量。回归分析法有一元线性回归预测法，也有多元回归预测法，最简单的是一元线性回归预测法，适合人力资源规划中以年为单位预测总量变化的情况。

（3）计算机模拟预测法。计算机模拟预测法主要是在计算机中运用各种复杂的数学模式，对组织在未来外部环境及内部环境发生动态变化时组织人员的数量和配置情况进行模拟测试，从而得出组织未来人员配置的需求量。这种方法是人力资源需求预测方法中最为复杂的一种，相当于在一个虚拟的世界里进行试验，能够综合考虑各种因素对组织人员需求的影响，必将得到广泛应用。

（4）比率分析法。比率分析法也叫转化比率分析法，这种方法是以组织中的关键因素（销售额、关键技能员工）和所需人力资源数量的比率为依据，预测出组织人力资源的需求量；或者通过组织中的关键人员数量预测其他人员如秘书、财务人员和人力资源管理人员的需求量。使用比率分析法的目的是将企业的业务转换为人力资源的需求，这是一种适合于短期需求预测的方法。以某大学为例，假设在校攻读的研究生数量增加了一个百分点，那么相应地要求教师的数量也增加一个百分点，而其他职员的数量也应该增加，否则难以保证该大学对研究生培养的质量。这实际上是根据组织过去的人力资源需求数量同某影响因素的比率对未来的人事需求进行预测。但是，运用比率分析法要假定组织的劳动生产率是不变的。如果组织的劳动生产率发生升降变化，那么运用这种方法进行人力资源预测就缺乏准确性。

（三）人力资源需求预测的程序

人力资源需求预测分为现实人力资源需求预测、未来人力资源需求预测和未来流失人力资源需求预测三部分。

二、人力资源供给预测

（一）人力资源供给预测的含义及内容

1. 人力资源供给预测的含义

人力资源供给预测是人力资源规划中的核心内容，是指组织运用一定的方法，对组织未来从内部和外部可能获得的人力资源数量、质量和结构进行预测，以满足组织未来发展时期对人员的需求。

2. 人力资源供给预测的内容

人力资源供给预测的内容分为组织内部供给和组织外部供给两个方面。

组织内部供给是对组织内部人力资源开发和使用情况进行分析掌握后，对未来组织内部所能提供的人力资源情况进行的预测。内部供给预测需要考虑的是组织的内部条件，具体包括：分析组织内部的部门分布、岗位及工种、员工技术水平及知识水平、年龄构成等人力资源状况；了解目前组织内因伤残、死亡、退休等原因造成的员工自然流失情况；分析工作条件（如作息制度、轮班制度等）的改变和出勤率的变动对人力资源供给的影响；估计组织目前的人力资源供给情况，掌握组织员工的供给来源和渠道；预测将来员工因升降、岗位调整或跳槽等原因导致的流动态势。对这些内部变化做出分析，便于针对性地采取应对和解决措施。

外部供给预测则需要考虑组织外部环境的变化，以及诸多的经济、社会、文化因素对人力资源市场的影响，预测劳动力市场或人才市场对组织员工的供给能力。需要分析国家经济发展的整体情况，掌握国家已出台的相关政策法规、科技的发展情况及人才培养结构的变化，还要分析人口发展趋势、本行业的发展前景，具体分析本地劳动力市场的劳动力结构和模式、组织的聘任条件，了解竞争对手的竞争策略。

（二）人力资源供给预测的方法

在人力资源供给预测的研究中，人力资源内部供给预测是人力资源规划的核心内容，因此，目前国内外有关人力资源供给预测方法的研究主要定位于组织内部人力资源供给预测上，有关预测方法的研究在不断改进和创新。而我国在此方面的研究还停留在直接引入国外成果的阶段，尽管有很多学者在各种人力资源管理著作中提出了许多预测方法，但都大同小异。目前国内外公认的方法主要有德尔菲法、替换单法、马尔可夫模型、目标规划法。

人力资源供给预测方法也可以分为定性预测法和定量预测法。定性预测法包括德尔菲法和替换单法，定量预测方法包括马尔可夫模型和目标规划法。

1. 定性预测法

（1）德尔菲法。德尔菲法是一种依靠管理者或专家主观判读的预测方法。在人力资源规划中，此方法既适用于人力资源需求预测，也同样适用于人力资源供给预测。这种方法具有方便、可信的优点，并且在资料不完备、用其他方法难以完成的情况下能够成功进行预测。

关于德尔菲法的具体过程，可参见人力资源需求预测部分。

（2）替换单法。有的书上也把替换单法叫作替换图法、接续计划法或人员接替法，此方法是根据组织人力资源的现状分布及对员工潜力评估的情况，对组织实现人力资源供给和接替。在组织现有人员分布情况、未来理想人员分布和流失率已知的条件下，由空缺的待补充职位的晋升量和人员补充量即可知人力资源供给量。这种方法主要适合于组织中管理人员的供给预测工作，组织内部的人员调动必然会使管理层职位出现空缺，而对管理层空缺职位的补充往往都是从下一级员工中提拔的。因此，在职位空缺前用替换单法制订出人员接续计划，就起到了未雨绸缪的作用。很多国外大型企业都是采用这种人力资源供给预测方法。替换单法最早应用于人力资源供给预测，后来也应用于需求预测。

应用此方法时首先需要确定需要接续的职位，接着确定可能接替的人选，并对这些人选进行评估，判断其是否达到提升要求，再根据评估结果，对接替的人选进行必要的培训。

2. 定量预测法

（1）马尔柯夫模型。马尔柯夫模型是用来预测具有等时间间距（如一年）的时刻点上各类人员的分布状况。即运用历年数据推算出各个工作岗位汇总人员变动概率，找出过去人力资源变动的规律，从而推测出未来人员变动情况的一种方法，其基本假设是组织中员工流动方向与概率基本不变。马尔柯夫模型实际上是通过建立一种转换概率矩阵，运用统计技术预测未来人力资源变化的一种方法，它在假设组织中员工流动的方向与概率基本保持不变的基础上，收集处理大量具体数据，找出组织内部过去人员流动的规律，从而推测未来组织人力资源的变动趋势。

根据历史数据推算各类人员的转移率，计算出转移概率的转移矩阵——统计作为初始时刻点的各类人员的分布情况——建立马尔柯夫模型，预测未来各类人员的供给状况。这种方法目前广泛应用于组织的人力资源供给预测上，可以为组织提供精确的数量信息，有利于做出有效决策。

（2）目标规划法。目标规划法是一种容易理解的、具有高度适应性的预测方法，指出员工在预定目标下为最大化其所得是如何进行分配的。目标规划是一种多目标规划技术，其基本思想源于西蒙的目标满意概念，即每一个目标都是一个要达到的标靶或目标值，然后使距离这些目标的偏差最小化。当类似的目标同时存在时，决策者可确定一个应该被采用的有限顺序。

上述人力资源供给预测方法各有优劣，使用德尔菲法和替换单法简单易行，但是预测结果具有强烈的主观性和模糊性，准确性较差。马尔柯夫模型和目标规划法能够为组织提供精确的数据，准确性高，但是在运用时，必须调配广泛的资源，以找到公式所需的全部参数，因此实时性较差。但在实际应用中，组织可以根据自身规模的大小、周围环境的条件及规划预测重点的不同，给予四个评价方面不同的权重，选择适合自己的一种预测方法；也可将几种预测方法建立一个组合系统进行预测。

（三）人力资源供给预测的程序

人力资源供给预测的程序分为内部供给预测和外部供给预测两方面，具体步骤如下：

①进行人力资源盘点，了解组织人力资源分布现状。根据组织的职务调整策略和历史员工的调整数据，统计需要调整的员工比例。

②向各部门的人事主管了解可能出现的人事变动，包括员工自然流失和人员流动情况。

③将需要调整的人员比例及人事变动情况进行汇总，得出组织内部人力资源供给总量预测。

④分析影响外部人员人力资源供给的地域性因素，包括：组织所在地域的人力资源整体现状、供求现状、对人才的吸引程度；组织本身，以及能够为员工提供的薪酬、福利对人才的吸引程度。

⑤通过影响组织外部人力资源供给地域性及全国因素的分析，预测组织外部人力资源供给总量。

⑥汇总组织内部及外部人力资源供给预测总量，得出组织的人力资源供给预测。

案例：企业管理咨询师的年度人力资源计划

人力成本的预算和控制是所有从事人力资源管理工作者都应该了解和掌控的知识。这里需要提到另一个概念：人力成本率，计算公式为：人力成本率＝

人力成本÷销售额。

通常情况下，人力成本率会随着销售额的递增而递减。也就是说，在销售额不断增加的前提下，企业前一阶段的人力成本率一般会大于后一阶段的人力成本率。所以说，如果一个公司的销售额能预算得很准，那么人力成本也会预算得比较准。

如果一个企业的销售额是6亿元，正常情况下，该企业的人力成本率应该是10%。下面我们把该企业明年的销售额分为两种可能。

①如果该企业明年的销售额是7亿元，那么，在6亿元和7亿元之间的1亿元的人力成本率是大于10%还是小于10%呢？正常情况下，在这1亿元中人力成本率应该是小于10%的，假设为9%。

②如果该企业明年的销售额是8亿元，假设6亿元到8亿元之间的2亿元中有1亿元的人力成本为9%，另1亿元的人力成本是8%。

在这种情况下，预算整体的人力成本公式为：Σ（月销售额 × 人力成本率）=全年人力成本。

人力资源部往往从本年度11月份开始就要搜集各种信息，筛选出变量因素，进行下一年度的人力资源策划的准备。这个时候如果人力资源部想知道本年度12月份的人力成本总和，可以采用下面的计算方法：某月的销售额 × 人力成本率=当月的工资总和。

经常会有企业的领导人这样问道："年终奖到底该怎样计算？"这里，我们介绍一种比较简单、实用的方法：如果企业年度的人力成本率为10%，那么就可以按8%来计算年度人力成本，剩余的2%留作年终奖。

我们知道，员工工资属于人力成本的组成部分。它又包括两个部分，固定部分叫作岗位工资，变动部分叫作绩效工资。如何计算岗位工资和绩效工资呢？

举例来说，假设某企业今年1月份的销售额为4000万元，人力成本率为10%，留下为年终奖准备的2%，4000×2%=320（万元），320万元就是该企业 1 月份的人力成本。假设该公司共有员工 400 人，400 人的岗位工资之和为 250 万元，那么，变动部分的 70 万元就是绩效工资。如果该企业 2 月份增加了 20 人，销售额还是 4000 万元，假设 420 人的岗位工资之和是 260 万元，那么绩效工资就是 60 万元。

岗位工资和绩效工资统称为基准工资，基准工资有一个规律，通常情况下，岗位工资和绩效工资的比例是 5 ∶ 5、6 ∶ 4、7 ∶ 3、8 ∶ 2 等。当企业发现比例发生倾斜，比如由原来的 5 ∶ 5 变成了 6 ∶ 4 的时候，就证明员工固定工资部分在增加。如果这时企业的效益并没有增加，为了健全双赢的机制，一般的做法是适当减少人员的数量，按减少后的人员数量发岗位工资，而绩效工资还按原来的人数所得发给现有的人数所得。

例如，以前需要 10 个人共同完成一项工作，平均每人的工资是 2000 元，其中岗位工资 1200 元 / 人，绩效工资 800 元 / 人，那么绩效工资的总额就是 8000 元。效率提高后，只需 9 个人就可以完成这项工作。这时，为了达到企业和员工的双赢，工资可以这样分配：岗位工资不变，还是 1200 元 / 人，绩效工资 =8000÷9=889 元 / 人。这样，企业既减少了人工成本的开支，员工的工资总额也得到了提高，真正实现了双赢。

第三节　人力资源规划的制订

在竞争日益激烈的今天，人力资源逐渐成为组织最富竞争力的核心要素，人力资源部门在组织中的重要性日益彰显。其原因在于人力资源规划工作与组织战略发展目标的实现是联系在一起的，为组织发展目标的实现提供了人力资源方面的保障。因此，组织越来越重视人力资源规划的制订工作，在组织发展过程中的各个阶段制订相应的人力资源规划，以实现该阶段的战略目标。

一、人力资源规划制订的原则

（一）全面性原则

人力资源规划要全面地考虑公司各个部门人力资源情况及人力资源的发展、培训及需求等情况。

（二）客观公正性原则

制订人力资源规划时，要对各个部门的实际情况和人力资源情况进行客观、公正的评价和考虑。

（三）协作性原则

制订人力资源规划需要各个部门密切配合，人力资源部要协调好与各部门的关系和工作。

（四）发展性原则

组织在制订人力资源规划时要考虑组织的长远发展方向，以组织获得可持续发展的生命力为目标，协调好各种关系，为组织培养、再造所需人才。

（五）动态性原则

组织的人力资源规划并非一成不变的。当组织的内外部环境发生变化时，组织的战略目标也会随之进行调整，这时人力资源规划也要相应地进行修改和完善，保持与组织整体发展状况的动态相适应。

二、资源规划制订的程序

（一）组织内外部环境信息收集分析阶段

组织内外部信息收集分析阶段的主要任务是调查、收集能够涉及组织战略决策和经营环境的各种必要的信息，为下一步制订人力资源规划提供可靠的依据和支持。组织的内部环境包括企业结构、文化、员工储备等内容，组织的外部环境包括宏观环境、行业环境等。这一阶段要结合组织的战略目标对组织的内部环境进行分析，掌握产品结构、消费者结构、产品的市场占有率等组织自身因素，以及劳动力市场的结构、择业心理、相关政策等相关社会因素。

（二）组织人力资源存量及预测分析阶段

首先，人力资源管理部门要采用科学的分析方法对组织现有的人力资源进行盘点，对组织中的各类人力资源数量、质量、结构、人力潜力及利用情况、流动比率进行统计，分析当前内部人力资源的利用情况，收集组织现有的职位信息。其次，结合组织内部环境状况，如组织内部的生产设施状况、技术水平、产品结构及产品的销售额和利润等各项经营活动，对组织未来的职位信息做出人力资源需求预测，根据职位的要求详细规定任职所必需的技能、职责及评价绩效的标准。再次，职位信息还需要包括该职位的职业生涯道路在整个组织中所处的位置及该职位在组织中所能持续的时间，也就是组织需要该职位的时间。最后，制定人力资源供给分析预测，包括内部人力资源供给预测，即根据现有人力资源及可能的变动情况确定未来组织能供给的人员数量及质量，以及受地区性和全国性因素的影响，外部人力资源可能供给人员情况的预测。这一阶段的工作是整个人力资源规划能否成功的关键，为组织人力资源规划的制订提供了依据和保障。

（三）人力资源总体规划的制订与分析阶段

对人力资源进行了需求预测和供给预测之后，就可以制订人力资源总体规划了。

在前两个阶段的基础上，结合人力资源需求预测和供给预测的数据，对组织人力资源数量、质量和结构进行比较，便可以确定组织未来人力资源的剩余或缺口，然后再采取相应的措施进行调整，这就是组织的人力资源总体规划。人力资源的总体规划主要包括组织的人力资源规划目标、与人力资源有关的各项政策和策略、组织内外部人力资源需求与供给的预测及组织在规划期内人力资源的净需求等几个部分。

对人力资源供需进行比较后，如果出现了供不应求的情况，就应当采取有效的措施和方法，弥补人力资源的不足。例如，制订调动员工积极性的方案挖掘员工的潜能，对员工采取加班、培训、晋升、工作再设计和招聘新员工等措施。如果出现了供大于求的情况，也要采取有力的措施避免加重组织的负担。比如，可采取以下措施：扩大组织的业务量；对多余的员工进行再就业培训，帮助他们走向新的工作岗位；对员工进行培训，提高其素质、技能和知识水平；不再续签工作合同，让部分老员工提前退休及辞退；鼓励员工辞职等。如果出现的是人力资源供求相等的情况，则不需要采取重大的人力资源调整措施。

（四）人力资源具体规划的制订阶段

这个阶段的工作任务是根据上一阶段所确定的人力资源净需求的情况，制订一系列有针对性的、具体的人力资源规划方案，包括人员招聘计划、人员流动调配计划、管理体制调整计划、员工素质提高计划、薪酬调整计划、员工退休解聘计划等，通过制订这些计划或方案并有效实施，可以保证组织未来的人力资源状况能够符合组织的战略发展需要。

（五）人力资源规划的控制与调整阶段

由于组织所处的环境是一个动态的环境，组织会随之不断修正战略目标，那么人力资源规划在实施过程中也就必须相应地进行变更或修订，各项具体的人力资源规划政策制定出来后要付诸实施，必须组织内部的各个部门通力合作才能实现。在实施过程中，要建立科学的评价和控制体系，客观、公正地对人力资源规划进行评估，广泛征求各个部门领导者的意见，根据评估结果及时反馈信息，对人力资源战略和规划做出适当的调整，不断完善整个组织的人力资源规划体系以适应环境的变化。

三、建立人力资源管理信息系统

人力资源规划制订完毕后，在实施人力资源规划的时候，就需要建立一个完善的人力资源管理系统，有效的人力资源信息管理系统有利于组织更好地执行人力资源规划。

（一）人力资源管理信息系统的概念

人力资源管理信息系统是指组织利用计算机和其他先进技术，融合科学的管理方法，对人力资源工作方面的信息进行处理，辅助人力资源管理人员完成信息管理、完善工作职能的应用系统，包括收集、保存、分析和报告，一个有效的人力资源管理信息系统应当能够提供及时、准确、完善的信息，这对于做出人力资源决策是非常关键的。

（二）人力资源管理信息系统的作用

人力资源管理信息系统为组织提供了一个收集、存储和处理信息的平台，可以保证组织及时、有效地实现人力资源管理决策及组织的整体战略目标，其作用具体表现在以下两个方面：

1. 为组织建立人力资源数据中心

人力资源管理信息系统可以为组织建立系统的人事档案，由计算机程序来处理人事数据的保存、分析和计算工作，可以对组织的现有人力资源情况进行分析，还可以对未来人力资源的需求情况进行预测，能够及时、准确地掌握组织内部员工数量、结构、人工成本、培训支出等相关信息，确保员工数据信息的真实完整性，可以在人事档案中对人力资源管理的某些概念进行说明，如晋升人选的确定、工作调动、教育培训、工作奖励计划、现有组织结构分析等，还可以及时地在网络上了解市场上人力资源的最新动向，对外发布组织所需人才及职位需求等信息，提高招聘效率，能够节省组织的人力、财力，有利于改善组织人力资源管理的效率，使组织的人力资源开发、管理更加科学有效。

2.提高组织人力资源管理的水平，为组织高层管理者做出决策提供帮助

人力资源信息系统的建设必然会要求组织制定适合于本组织雇员绩效考核、薪酬和福利管理等工作的一系列指标，使组织的人力资源计划和控制管理定量化。该系统所提供的数据能够为组织的管理者进行管理决策提供准确、可信的数据，使组织的人力资源管理工作更加科学化、规范化。

总之，建立人力资源管理信息系统是人力资源管理中的一项基础工作，它能提供详尽的人力资源信息和资料，提供备选方案，并对方案进行优化和判断，可以提高决策者的决策能力，使组织的决策和管理更加科学化。

（三）人力资源管理信息系统的建立

建立人力资源管理信息系统具体包括以下几个步骤：①建立组织的人力资源管理信息平台，通过计算机和网络技术构建组织的人力资源信息数据库，配备所需的各种硬件设备和软件设备。②建立人力资源收集、保存、分析、报告等各个子系统，确定每个子系统的具体方法。③将收集来的各种信息输入人力资源数据库，并进行分类。④运用人力资源管理信息系统和数据库进行各项人力资源规划工作，对组织的人力资源情况进行准确判断和预测。

人力资源规划作为一种战略规划，着眼于在组织发展的各个阶段，分析组织在内外部环境变化的条件下对人力资源的需求，并运用科学的方法对人力资源需求和供给进行预测，针对性地制定出与组织发展相适应的人力资源政策和措施，为组织未来的生产经营活动预先准备人力，从而使组织的人力资源供给和需求达到最佳平衡状态。人力资源规划与组织的长期发展战略是密切联系的，人力资源规划是组织整体目标规划的重要组成部分。

第四节　人力资源规划的常见缺陷与问题

随着以知识和信息的生产、传播、使用和消费为基础的知识经济时代的到来，传统的经济结构和生产方式都发生了根本的变化，这就决定了社会的劳动结构将发生根本性变化。创造性的智力劳动,将成为人类社会劳动的主题和领衔力量。知识对于竞争和发展越来越具有决定性意义,而知识是由人来掌握的,人是知识的载体。由此可见,无论是国家经济增长和社会进步,还是企业发展,人才都是最宝贵、最重要的资源。因此,以人为本,加强人力资源管理已成为人们普遍关注的问题。而且随着市场经济的不断深入发展,在经济竞争、科技竞争、人才竞争的今天,人力资源的规划管理已经成为当今各行各业面临的重要课题。

人才是事业兴旺之本,组织要兴旺,要发展,关键在于拥有一大批掌握现代化科学技术和现代化管理思想的合格人才。因此,加强组织人力资源的储备管理,关键是搞好人才的引进、培养、开发和使用的管理,特别是人力资源规划。

下面以企业中人才资源管理为例做具体介绍。

一、没有认清企业人才储备现状和流失危机

目前,通过调查表明,在企业高层管理者中,90% 的管理者认为自己的企业缺乏人才储备。问题的关键在于企业内部环境建设缺漏问题严重,企业文化氛围同管理人才思想价值观念不合拍,迫使人才忍无可忍,产生另谋高就的离职倾向。具体来说,眼下企业人才管理存在的主要内部缺漏有以下方面:高层管理者素质不高;没有见识合理的企业文化;有进入机制,却没有退出机制;激励机制不健全,不能充分激发人才的内在热情;不能为个人提供长远职业前景;缺乏有效的评估体系;缺少人才职业发展的长远计划和人才储备战略,而这些方面的不足,又是造成人才流失最重要的因素。

国外一些大公司则对人才储备给予了高度重视,许多大公司都把挖掘人才的工作提前到大学毕业生择业之前,甚至更早。这些公司大多建有自己的人才储备库,对新人才的成绩、能力和行为进行综合分析,以备将来使用。人才库操作为公司一些关键性岗位提供了人才储备,特别是为领导职位制订了接班计

划，为企业的发展提供了保证。以数据为基础管理人才库，借用高新技术对人才进行预测评估，是人力资源管理上的一次飞跃。

世界级大企业人才储备策略大致有以下特点：

（一）吸纳公司需要的各类人才

知名公司的人才库吸纳了成千上万各类人才，且来自世界各国。阿尔卡特公司的人才库掌握着 4000 人，其中包括领导人、潜在的接班人。在当事人同意的情况下，还可掌握其他方面的材料，如履历、职位、个人发展计划以及业绩总结。

（二）对每个人进行评估分析

一般而言，人才库的资料不是简单的综合储存，而是要对每个人进行评估分析，更要对管理人员进行虚拟环境下能否承受压力和如何应答各类问题的测试。据称这是一项复杂的科学分析，离不开心理专家的参与。

（三）制订关键职位接班人计划

先进的公司人才库甚至会早早地为一些关键性职位制订接班计划，以免在最后一刻才采取行动，造成不必要的损失。如法国液气公司，每隔一年半就要对其战略职位进行综合考察，并会排列出 6 人作为接班人。而 DRH 公司的做法则是刚刚任命了一个人，就要考虑接替他的人选。埃索公司，在 2 万名职工中确定了大约 200 个关键职位，一一做了安排。实践证明，这种提前准备的做法是很有必要的，因为根据人员流动原则，领导干部每 4~5 年就要更换岗位。

（四）摆脱对猎头公司的依赖

过去流行的办法是求助一些猎头公司、招聘事务所选人。但由于这个过程通常会持续几个月，花费很多，还要将被招聘者年工资的 30% 交给事务所，而且最终选择的人很难在今后的岗位上证明其能力。现在越来越多的大公司宁愿在自家的人才库里寻找适当的候选人。

（五）选拔高素质的管理人才

人才库标准的人才特别是管理人才，需要业务好、能力强、有丰富的经验。通用公司欧洲人力资源部负责人迈克·汉力说："今天，企业的价值取决于它的人才，我们的优势在于很早就明白了这一点。"由此可见，随着新兴企业的建立，必须有一个好的领导集体。在全球化经济中，领导干部的素质是至关重要的。

（六）发现和培养公司内部人才

总的来说，许多公司，60%~90% 的领导岗位都是通过内部晋升的人员担任的。虽然各大公司都已经放弃了终身职业的想法，但他们依然相信长期用人的好处。许多公司认为，企业干部经过培训和工作锻炼，随着在企业中不断积累经验，他们也越来越有能力。尽管各企业更偏爱内部提拔，但他们也会到市场上寻找人才，堵塞岗位漏洞，但更主要的是寻找专家——他们了解技术和组织机构的快速变化，他们能不断更新知识来占领新市场或投身电子贸易领域。随着发展、合并和收购的出现，不少企业还重新调整了自己的组织机构，以便使自己的新领导人能够适应新的挑战。此外，人才库对不合格人才的淘汰也是毫不留情的，不少人将在竞争中败下阵来。由此可见，人才储备是必要的。

企业加强人才储备有什么重要意义呢？

1. 人才储备是企业人力资源管理与企业发展的基础

首先，人才通常是指那些具有专门知识、技能和聪明才智并善于运用自身的能力条件在社会实践中进行创造性劳动，为改造自然和社会做出贡献，有益于社会、国家和人民的人。衡量人才有两个尺度：激情和能力。激情与热情不同，激情比热情更富有内涵，有些人看起来很平静，但内心却充满激情。激情是建立在开放授权的基础上，体现的是自主、乐业、爱心、责任和创新。能力在这里主要是指包括专业技术能力、自我管理和管理他人的能力、公关能力。因此，不难看出人才的重要社会地位和社会价值，尤其是在知识经济时代，人才是企业发展的源泉，也是企业创新的主体。试想没有一定的人才储备，企业何谈人力资源管理呢？所以，没有人才储备的企业人力资源管理只能"巧妇难为无米之炊"，是一句空话。其次，人是企业重要的有形资产，同时又是实现企业有形资产与无形资产相互转化最重要的因素。因此，加强人才的管理和储备人才是企业发展的当务之急。

2. 企业的人才储备是构成企业核心竞争力的坚实基础

企业竞争力是指企业为了实现其总体目标，获取配置可利用资源，采取各种有效策略，成功进行经营活动，形成并能保持竞争优势的能力体系。其中，核心竞争力是企业维持和增强持续竞争优势的关键，是企业竞争力的核心。它包括两个方面：一是企业获取各种资源或技术并将其集成、转化为企业技能或产品的能力；二是企业组织、调动、协调各生产要素进行生产，使企业各个环节处于协调统一高效运转的能力。企业的核心竞争力蕴含于其系统运行的过程中。具体表现为三个方面：应变能力、创新能力、整合能力。而这三方面的能力的体现都是以人才为载体来实现的。人才资源是指体现于人自身的生产知识、技能及健康的存量，是人作为经济主体创造财富和收入的生产能力。就对经济增长的贡献而言，人力资本正在迅速超过物质资本和自然资源，成为各国经济可持续发展的主动力。由此可见，人才是一家企业最重要的资产，是建设企业核心竞争力的有效载体。

3. 加强人才储备可以防止企业人才流失带来的风险

由于企业文化、待遇和环境存在着明显差异，因此人才流动客观存在，且具有必然性。一方面，人才流动可以使高新技术企业获得急需的人才，为企业发展注入活力；另一方面，人才流动导致的人才流失，也可能对企业造成诸多不利影响。人才流失不仅使企业承担重置成本，而且将导致企业无形资产严重流失，出现人才真空的不利局面。如果企业能实现一定的人才储备，那就能够削弱这种被动局面所带来的负面影响，缓解压力。由此可见，企业必须加强人才储备的管理，注重人才储备，防止人才流失带来的风险。

要想很好地利用人力资源，对人力资源进行有效规划，就必须了解组织机构设置的原则是什么。

二、没有明了组织机构设置的原则

（一）任务目标原则

任何组织都是为了实现一定的目标而设置的，没有任务和目标的组织就没有存在的价值。每个组织及其每个部分都应当与其特定的任务和目标相关联。组织的调整、增加、合并或取消都应以对实现目标是否有利为衡量标准。

根据这一原则，在组织设计之前，首先要对企业的目标和发展战略做深入研究，明确企业发展方向和战略部署，这是组织设计最重要的前提。一旦战略目标有所改变，组织机构也必须做出相应调整。

（二）分工协作原则

组织设计中要坚持分工与协作的原则，做到分工合理、协作明确。对于每个部门和每个员工的工作内容、工作范围、相互关系、协作方法等，都应该进行明确规定。

根据这一原则，首先要搞好分工，使分工粗细适当。分工越细，专业化程度越高，责任越明确，效率也会越高。但是在这个过程中，也容易出现机构增多、过分强调局部利益、协调工作量增加等问题。分工太粗又可能影响专业化水平，容易产生责任推诿现象。具体操作时，应密切联系企业实际，同时强化协作，在组织中树立整体意识，突破团体主义的圈子，在必要时应当主动打破分工界限，实行必要补位管理。

（三）统一领导、权力制衡原则

统一领导是指无论对哪一项工作来讲，一个下属人员只应接受一个上级主管的领导。权力制衡是指权力运用必须受到监督与制约。在贯彻统一领导原则中，要做到确定管理层次时，在最高层与最基层之间形成一条连续的等级链；任何一级组织只能有一个人负责；正职领导副职；下级组织只接受一个上级组织的命令和指挥；下级只能向直接上级请示工作，不能越级请示工作；上级也不能越级指挥下级，应维护下级组织的领导权威；职能管理部门一般只能作为同级直线指挥系统的参谋，但无权对下属直线领导者下达命令和指挥。

权力制衡原则要求首先必须在企业高层组织中形成权力制衡机制，设立专门的监督机构。如公司中的股东大会、监事会，国有企业中的员工代表大会，纪检、监察部门等，对行政领导进行监督。另外，企业中的监督机构，如质量监督、财务监督和安全监督等部门，应同生产执行部门分开设置，并在监督的同时，搞好对被监督部门的服务工作。

（四）权责对应原则

为了实现组织目标，各项工作必须明确责任。要承担责任，就必须有相应的权力。无论是权大责小还是责大权小，都会影响组织目标的顺利完成。有责无权或责大权小，会导致负不了责任；而权大责小，甚至有权无责，则会造成权力滥用。权责不明确容易产生官僚主义、无政府状态，组织系统中易出现摩擦和不必要的争执、推诿等。权责不对应对组织的效能是非常有害的。

（五）精简及有效跨度原则

精简是指组织机构、人员和管理层次在保证功能有效的前提下，尽量减少办事程序及规章制度，力求简单明了，努力使每个成员都能满负荷高质量地工作，最大限度地提高整体效率。

机构精简涉及管理跨度和管理层次问题。管理跨度也称管理幅度，是指一个管理者直接指挥的下属人员数。管理层次是指从企业最高行政领导到最基层员工之间分级管理的层次，它与管理跨度成反比，即管理跨度越大，层次越少。管理跨度与领导者能力和被领导者素质成正比，而与部门业务的复杂性和所需协调的工作量成反比。因此，要想提高有效管理跨度就需要调整好上述几个要素的关系。通常认为适中的管理跨度应控制在 10 人左右。

（六）稳定性与适应性相结合的原则

一个组织的管理机构是保证组织正常运行的基础，应保持相对稳定性，避免情况稍有变化就使系统出现混乱而影响正常工作秩序。同时，管理机构又是企业实现经营目标的工具，应随着客观条件的不断变化做必要调整。企业领导的责任就是把稳定性和适应性恰当结合起来。企业领导必须懂得，一个一成不变的组织是一个僵化的组织；而一个经常变化的组织，则是一个难以创造或保持最佳业绩的组织。

三、人力资源规划为什么会出问题

人力资源规划关系到组织战略的实施，又支持着组织目标的实现，同时对人力资源管理起着至关重要的作用。因此，制订一个完善的人力资源规划对每一个组织人力资源部来说，都是头等议题。然而很多中小企业在这个流程的操作中，常存在如下问题：

（一）对人力资源规划的重要性认识不足

人力资源规划是企业战略管理的重要组成部分。企业的整体发展战略决定了人力资源规划的内容，而这些内容又为建立人力资源管理体系，制订具体的人员补充计划、人员使用计划、人员接替与晋升计划、教育培训计划、薪酬与激励计划、劳动关系计划等指明了方向。许多中小企业往往难以从战略的高度来思考人力资源管理工作。甚至有的小型企业老板简单地认为，人力资源管理无非是"缺人时招人""岗前培训""发工资前必须考核"三部曲，怎么也与企业发展战略"挂不上"，因此不能从企业战略规划—人力资源规划—人力资源管理的流程上实施人力资源规划与管理。

（二）企业战略不清晰、目标不明确

人力资源规划是企业战略规划的重要组成部分，同时也是企业各项管理工作的基础和依据。但许多中小企业没有清晰的企业发展战略和明确的战略目标，使人力资源规划没有方向感，不知道企业未来究竟需要什么样的核心能力和核心人才。企业在快速扩张阶段，往往涉足不同的业务领域，其中不乏新兴产业。而这些新兴产业在研发、生产、营销、管理、服务等各个环节没有成熟的经验可以借鉴，如一些新开拓的项目，定岗定编工作也不像传统业务那么成熟，在人力资源管理方面大多是走一步看一步。由于企业战略不清晰、目标不明确，导致人力资源规划缺乏方向性和目的性。

（三）规划不能随着外部环境的变化而及时调整

信息社会唯一不变的就是变。市场发展变化快，企业对市场变化反应比较快，企业战略在调整，但人力资源规划往往不能得到及时调整。最直接的影响就是先前制订的人力资源规划失去可操作性和可执行性，造成企业所需的人才不能得到及时供应等人力资源功效的缺失。

（四）规划制订过程中缺乏沟通与协调

人力资源规划是一个复杂缜密而又必须具备调研性的制作过程，它需要规划人员从整个企业战略出发，经多方面沟通与协作，调研出各部门的人力资源所需状况，进而制订出可操作性强的规划。而在现实中，我们常发现，很多中小企业人力资源部人员习惯于仅凭过往数据和历史，便草草制订规划，如此一来，规划缺乏论证和可执行性就在所难免。

（五）缺乏人力资源管理的专门人才

现实中，很多企业特别是中小型企业没有设立人力资源部，大多由办公室履行人力资源管理的职能。即使设了人力资源部的企业，在行使人力资源管理职能的时候，也普遍存在一些问题，主要表现在人力资源管理人员在人力资源管理专业方面的知识储备不足，专业技能不够。

（六）对于人力资源的控制比较困难

由于人员流动性比较大，各种意外情况都可能影响企业的人力资源规划。

企业的人事管理部门在对人力成本进行核算时难以实现定量分析。同时，企业内部各部门在制订人力资源规划时，考虑到自身部门的利益，常常出现人员超编的现象。而公司的领导从公司的发展战略方面考虑，则希望尽可能降低人力资源的成本和规模。在这种情况下，人力资源规划部门在制订规划时往往左右为难。

第五节　大数据改进人力资源规划

如今大数据作为新的生产资料，不断体现出在社会经济活动与社会管理活动中的巨大作用。劳动工具是生产力发展水平的重要标准，而生产力发展水平则是一个时代的本质特征。大数据的出现对生产力的发展有着直接推动作用，这也是大数据时代被称为一个时代的原因。

大数据时代下，数据成为真正有价值的资产，云计算、物联网等技术手段都是为数据服务开辟道路的。企业交易经营的内部信息、网上物品的物流信息、网上人人交互或人机交互信息、人的位置信息等，都成为摆在明处的资产，盘活这些数据资产，直接作用于个人的生活选择、企业的决策甚至国家治理，改变人们的生活方式。

世界上没有什么是一成不变的，应该用动态的眼光看待世界。

大数据时代的人力资源规划将会引起怎样的变化呢？

一、应该树立起大数据意识

随着大数据脚步的日益加快，对企业员工而言，树立大数据意识显得极为重要。在进行人力资源规划时，首先，要培养人力资源管理者具备数据化意识。人力资源管理部门作为企业员工的管理者和培育者，他们的数据化意识直接影响企业员工数据化意识的树立。而具备数据化意识的人力资源管理部门所制订的人力资源规划会突出数据带来的影响和意义，从而促进企业的数据化进程，在预测岗位需求、分配供给时，提供数据化的支持。数据化意识的培养要从人力资源管理部门深入企业每个部门。要让人力资源管理部门意识到大数据背后隐藏的潜在价值，并依据大数据所隐藏的价值做出正确的人力资源规划。其次，要培养其他部门员工的大数据意识。企业员工是人力资源规划的执行者，他们大数据意识的建立，有助于人力资源规划的顺利展开以及减少规划实行的偏差。关键是要让企业员工意识到数据的重要性，致力于收集真实、高质量、有价值的且具有高可靠性的数据。只有当每个员工都认识到大数据所带来的价值和意义，才能使企业具备更强的竞争力。

二、要积极搭建起数据化平台

在企业规划每一年度的人力资源策略时，总会对现有的人力资源水平进行调查和确认，如果每年都是在制订人力资源战略规划的时候再去调查人力资源现状程序会比较复杂，同时浪费极大的财力、物力、人力。同时，在分析各个岗位的人员数量、员工能力时需要一定的时间才能准确分析出现有的状况。

倘若在企业中构建一个数据化平台，在每天日常工作中，员工通过数据化平台，实现每天的出勤、工作绩效、薪酬等多方面的记录，不仅能大大节省人力成本，而且能实现员工工作规范的检验、工作数据的统计、工作进度的共享。另外，企业还能进行监控，从而保证数据的及时性、准确性和真实性。在实现员工绩效评价的同时可以对公司每个岗位员工的能力进行有效的分析和计算。数据化平台能提供管理人员有效的员工信息，大大降低人力资源管理部门在制订规划时所需要的人力、财力。而长期积累的数据比急需时的调查所得的数据更为有效。因为每一天的员工信息都会被数据化平台记录，不会存在员工出现特殊情况或特意配合调查带来的误差。

同样，数据化平台也适合于高层人员管理。数据化平台还能及时记录管理人员所制定的企业目标和长期规划，向员工传递及时有效的年度目标、当月计划，甚至每日生产计划，并及时统计往日生产状况并审核。因此在这样的基础上，数据化平台对人力资源的需求和供给进行预测也显得十分方便，及时绘制企业目标走势图，与管理人员交流、对企业战略进行设计和研讨，并对企业各个岗位需求进行有效预测。与此同时，根据数据派遣相应数量的员工，在分析数据后进行员工的补给和删减，实现工作量的合理分配。

在制订人力资源规划方案阶段，当数据化平台中显示任务量过大不能及时完成时，人力资源管理部门能及时采取招聘策略，补充人员。数据平台的建立使绩效管理更为方便，企业人员的提升、培养、薪酬管理，都能根据数据及时有效地跟进，而对任务量不达标的员工也能够进行再培训和激励。

三、重视发挥大数据的预测预知功能

美国著名的沃尔玛公司利用"雇佣预测回归"方法提升了人力资源规划水平。他们称：他们现在能够知道某个应聘者在其岗位上能够工作多长时间；能够知道这项预测有多么精确，例如，某个应聘者的供职期限是30个月，回归方程还会单独报告一下，他供职不会超过15个月的概率是多少。

沃尔玛发现，用"不墨守成规的人在每家公司都有生存空间"这样一个问题对应聘者进行测试，对其做出肯定性回答的人，比对此做出否定性回答的人，供职期限要少2.8个月。

有了这种提前性预测，人力资源规划就可以做到提前进行，而不是被动应付。对我国人才资源需求进行宏观预测规划，显然是一件意义更加重大的事情。

第七章　大数据背景下的人力资源招聘管理

第一节　人力资源招聘的含义与方法

　　招聘工作是组织人力资源开发与管理的基础，也是组织管理体系的基础。任何组织的人员都不可能保持一成不变。以企业为例，随着企业环境和企业结构的变化，企业对人员素质的要求在不断变化，企业要吐故纳新，增加活力，就要对企业人员不断进行调整和更换。除离退休、内部晋升等原因造成职位空缺外，在市场经济条件下，企业拥有立法保障的辞退权，同时广大员工也拥有更加充分的择业自主权，员工辞职和企业解雇职员会频繁发生，这势必会造成经常性的职位空缺，而空缺职位的人员补充，主要是通过招聘来完成的。由此可见，员工招聘对一个企业来说，是随时都可能进行的，它对维持企业的正常运行和发展起着至关重要的作用。

　　招聘选拔工作是人力资源管理中基础的工作，也是出现得最早的工作。在人类社会出现雇佣关系的同时，招聘选拔活动就出现了。从这个意义上讲，招聘选拔比人事管理出现得还早得多。招聘作为一种科学活动也出现得很早，在泰罗的科学管理时代，就已经创造了招聘、筛选、工作分析等工作，这些工作后来一直是人力资源管理的基础。

　　招聘从过程上讲是整个人力资源管理的开始。在当代发达国家的企业界，招聘已经发生了很大变化。一种分析思考型的现代化招聘模式已经形成。招聘工作的任务或目的是要寻找具备最适合的技能，而且具有劳动的愿望、能够在企业相对稳定地工作的雇员。

企业的人员招聘工作是一个复杂、完整而又连续的程序化操作过程。当企业的人力资源需要系统地扩大和补充时，企业必须建立起一种招聘制度，增加、维持和调整总劳动力，保持人力资源需求的动态平衡，维持企业的生存和发展。一个有效的人员招聘录用系统可以为企业不断补充新生力量，实现企业内部人力资源的合理配置，减少人员流动，提高企业队伍的稳定性，减少人员培训开发的开支或者提高培训的效率。

当今的招聘工作已经越来越成为一种科学活动，而不是凭经验和感觉进行的活动。总的来说，企业招聘工作是在两项工作的基础上完成的：一是企业人力资源规划，二是工作分析。有了这两项工作作为基础，企业才可能进入科学的招聘和录用工作的操作阶段。

招聘是指通过多种技术手段，把具有相应品德能力的人吸引到企业空缺岗位的过程。应聘对象可以是内部或外部的人员，招聘的一个重要标志是要有招聘信息，如内部招聘时，发布的工作布告和外部招聘时的报纸广告等。这些招聘信息旨在寻找到合适的人选。因此，多数情况下，应聘人都对工作岗位有一定的兴趣并拥有所要求的资质。一旦应聘者和招聘方达成协议，那就意味着招聘过程的结束。

作为一项重要的管理职能，招聘与其他人力资源管理职能存在密切的关系。简单地说，人力资源规划规定了招聘的目标，即招聘方所要吸引的人员数目、类型和质量，而工作分析既决定了对特殊人员的需求，也向招聘者提供了将要用到的工作岗位描述。此外，能否向招聘人员提供较高报酬和福利，在一定程度上决定了招聘的难易。最后，招聘还与选择有密切的联系，因为两者都是雇佣过程的组成部分。

总之，招聘是补充员工的主要渠道，是企业增加新鲜血液、兴旺发达的标志之一，它对企业的人力资源管理具有重要源头意义。

一、招聘工作在企业人力资源管理中占有首要地位

（一）输入的质量决定输出的质量

企业若要持续发展，就必须保持人力资源的供给，因为企业在发展的任何时期都需要不同类型、不同质量和数量的人才。而只有进行有效招聘才能充分满足企业发展对人力资源的需要。同时，"输入决定输出"，招聘工作的质量直接影响组织"产出"质量，它是人力资源管理的第一关口。

（二）招聘的结果影响企业日后发展

招聘的结果表现为企业能否获得所需要的优秀人才，而人才是企业发展的第一要素。现代社会竞争的制高点是人才的竞争，只有拥有高素质的人才，企业才能繁荣昌盛，才能在竞争中立于不败之地。

（三）招聘是一项树立企业形象的对外公关活动

招聘时，企业可以利用电视、报纸、广播、网站等媒体开展招聘活动，不但可以使企业招到所需的人才，也可以在一定程度上起到宣传企业、树立企业良好形象的作用。

（四）招聘的质量将影响企业人员的稳定性

企业都希望自己的员工队伍尽可能稳定，避免人才流失太多，使企业蒙受过大的损失。一个有效的招聘系统将使企业获得能胜任工作并对所从事工作感到满意的人才，从而保持企业正常运转。

（五）招聘工作直接影响着人事管理的费用

有效的招聘工作能使企业的招聘活动开支既经济又有效，并且由于招聘到的员工能够胜任工作，减少日后员工培训与能力开发的支出。

二、人力资源招聘工作的实施程序

招聘工作一般是从招聘需求的提出开始的。招聘需求通常是由用人部门提出的。一般来说，公司会根据一定时期的业务发展情况制定人员预算，因此招聘的需求通常是在人员预算的控制之下的。但是实际工作的需要和业务的变化也会导致人员需求的一定变化，对于这些需求变化情况，往往需要用人部门和人力资源管理部门根据对实际情况的分析做出决定。

（一）明确职位内容

招聘需求确定后，需要用人部门和人力资源部共同确定所聘职位的工作职责和任职要求，这样才能保证招聘工作更具有针对性。

（二）选择招聘渠道

要根据职位的不同、职位空缺的数量、需要补充空缺的时间限制等因素综合考虑，选择最有效而且成本合理的招聘渠道。

招聘渠道通常有外部招聘和内部招聘两种。外部招聘主要包括在报纸、招聘网站发布广告，参加招聘会，委托中介或猎头机构，校园招聘等方式；内部招聘则是在公司内部展开，由内部员工推荐人选或鼓励自荐。当然，也可以采取员工晋升或职位轮换补充空缺等方法。

（三）人员的选拔与评价

通常来说，获得的候选人数量会多于所要聘用的人数，那么就需要对这些候选人进行选拔，以便择优录取合适的人员。人员选拔评价的方法很多，首先要对简历进行筛选；其次有面试、能力与个性测验、情境性测评、知识技能考试、评价小组考核等多种方式，可以根据实际需要选用。

（四）人员的录用

对于经过选拔评价，符合职位要求的候选人，需要与之确定雇佣关系，包括工资待遇、职位、到职时间等具体条件。另外，通常会要求被录用的人员参加体检。如果候选人的各方面情况都符合录用要求，那么就可以办理正式的入职手续。

三、人力资源招聘渠道的选择

在实际工作中，经常会出现一些企业人力资源经理抱怨招不到合适的人才的情况，而一些高级人才和专业性、技术性比较强的中高级人才，在人才市场更难招聘到。这一方面反映了企业争夺人才的白热化程度和中高级技术人才的缺少；另一方面根据调查与观察，这是由于人力资源经理没有选择正确的招聘方式，在招聘活动开始前没有制订好招聘计划，甚至某些企业根本就没有制订招聘计划，企业出现职位空缺，就匆忙到人才市场招聘，从不考虑适合该职位的人才在何种场合能够比较容易获得。企业招聘的是高级人才、中级人才还是普通人才，要先做好招聘计划，选择合适的招聘方式和场所，才能比较容易招到所需人才。

可供企业选择的招聘方式主要有企业内部招聘和外部招聘，两种方法各有利弊，实际工作中，两种方法是相辅相成的。企业职位空缺时，究竟是采用哪种方法，要视市场供给、企业的人力资源政策和工作的要求等决定。有时也会同时使用两种方法获得候选人，再从候选人中选拔出合适的人员。

（一）组织内部招聘

内部招募渠道策略是指在组织出现岗位空缺后，从组织内部选择合适的员工来填补的渠道策略。选择内部招募渠道策略的最大优势在于管理者了解员工，员工熟悉组织，这样可以提高招募效率、降低成本、减少风险，鼓舞员工的士气。内部招募渠道策略主要有内部公开招聘、职业生涯开发选拔、工作调换、工作轮换、员工推荐和重新聘用。

组织内部招聘的方法如下：

1. 内部公开招聘

内部公开招聘是组织在确定了空缺职位的性质、职责及其要求等信息后，将这些信息以公告的形式，公布在组织可利用的组织网站、公告栏或内部期刊上。公告中应清楚地描述工作职位责任和义务、工资水平和任职资格，并告知与这次公告相关的信息，如公告的日期和截止申请日期、申请的程序、甄选方法和联系人等，尽量使全体员工都能获得信息，使所有对此岗位感兴趣并具有任职能力的员工都能注意，通过合适的甄选方法选出最合适的人员来填补空缺。内部公开招聘面向组织全体人员，这种内部招募渠道策略使员工有一种公平合理、公开竞争的平等感觉，会使员工更加努力奋斗。

2. 职业生涯开发选拔

职业生涯开发选拔是针对特定的工作岗位，在组织内挑选出最合适的候选人，将其置于职业生涯发展上接受培训的内部招募渠道策略。与内部公开招聘不同，在职业生涯开发选拔策略中，组织不是鼓励所有合格的员工来竞聘空缺工作，而是考虑将有潜能的合适的候选人放到职业生涯发展的路径上接受培训以适应相应的岗位。职业生涯开发选拔能够确保组织在某些重要职位出现空缺时及时填补合格的人员，这样可以使组织避免由于这些重要职位的空缺而带来的损失。

3. 工作调换

工作调换是指在组织中出现岗位空缺时，将与空缺岗位同层次或高一层次的人员调去填补空缺的内部招募渠道。工作调换包括"平调"和"下调"，以"平调"为主。工作调换的主要目的是填补岗位空缺，也可以使内部人员与其他部门的人员有深入的接触和了解，熟悉组织其他部门的工作情况。这样有利于员工晋升，也可以使管理者对员工的能力有进一步了解，为将来的工作调整打好基础。

4. 工作轮换

工作轮换是指在组织中出现岗位空缺时，将与空缺岗位同层次的人员调去填补空缺的内部招募渠道。工作轮换和工作调换有些相似，但又有不同。工作调换从时间上来讲较长，而工作轮换通常是短期的；工作调换可以是"平调"或"下调"，而工作轮换一般是"平调"。工作轮换既可以使组织内部人员有机会了解组织内部不同部门的工作，给那些有潜力的人员提供晋升的条件，也可以减少某些人员由于长期从事某项工作而带来的单调和厌倦的感觉。

5. 员工推荐

员工推荐是由推荐人根据空缺岗位的要求推荐其熟悉的合适的内部员工，供用人部门和人力资源管理部门进行选拔的内部招募渠道策略。由于推荐人对用人部门与被推荐人都比较了解，使得被推荐人更容易获得空缺岗位信息，使组织更容易了解被推荐人。最常见的推荐法是主管推荐，由于主管一般比较了解下属的能力，由主管推荐的人选具有一定的可靠性。但是这种推荐会比较主观，会带有主管的偏见，容易受个人因素的影响。

6. 重新聘用

重新聘用是组织重新聘用某些原来在组织工作而现在没有在岗的员工来填补空缺岗位的内部招募渠道策略。例如，重新聘用下岗人员、退休人员、长期休假人员等。这些人员的重聘会使他们有再为组织工作的机会。组织重新聘用这些人员能使他们尽快上岗，减少培训的费用，还可以减少聘用风险。

组织内部招聘的优点主要如下：

（1）组织和员工之间相互比较了解。

（2）创造了晋升的机会和防止可能的冗员。

（3）成本较低。

组织内部招聘的缺点主要如下：

（1）易引发企业高层领导和员工之间的不团结。

（2）易引发后续问题。

（3）过多的内部招聘可能会使组织变得封闭。

（4）过多的内部招聘可能导致效率降低的现象。

（二）组织外部招聘

如果组织需要招聘的人员数量多，而且素质能力要求高，那么组织内部招募渠道很可能满足不了组织的这种需要，特别是当组织处于创业期或快速发展期，或是组织需要特殊人才的时候，仅靠内部招募渠道策略是不行的，组织必须采取相应的外部招募渠道策略来获取所需的相关人员。外部招募渠道策略主要有媒体广告招募、人才招聘会、人才中介、校园招募和猎头公司。

企业外部招聘的渠道和方式主要如下：

1. 媒体广告招聘

媒体广告招募是当组织出现空缺岗位，并要通过外部招募渠道招聘人员时，通过各种媒体向社会发布，吸引求职者前来应聘的过程。

媒体广告可以将有关工作的性质、要求和应该具备的入职资格等信息提供给潜在的求职者，也可以向求职者宣传组织的情况，为建立组织在社会上的知名度和美誉度等做出贡献。媒体广告信息传播范围广、速度快。采用广告的形式进行招募，能快速有效吸引所需人员来应聘，应聘人员数量大、层次较高，组织甄选应聘者的余地较大，招聘到创造力强、素质较高的人员的概率较高。

2. 人才招聘会

人才招聘会是招聘组织和应聘者直接进行面谈的一种形式和过程，它能使招聘者和应聘者给对方留下比较直观的印象。人才招聘会一般都是由有举办招聘会资格的政府职能部门或下属机构主办，这样的人才招聘会一般信誉度好，有明确的主题，操作比较规范。通过人才招聘会，组织招聘人员也可以了解到同行业其他组织的人力资源政策和人力需求情况。

3. 人才中介

由于组织人员的流动日益频繁，组织招聘的工作量不断加大，既为了方便组织高效率地招人，也为了求职者能够快速择业，各地区的人才中心、职业介绍所、劳动力就业服务中心等人才中介机构不断涌现，并且快速发展。通过这些人才中介机构，组织与求职者均可获得大量求职与招聘信息。

人才中介一般分成为组织服务为主和为求职者服务为主两类。他们一般建有各种人才信息库和招聘组织信息库。招聘组织在缴纳一定的费用之后，就可以很便捷地在这种人才信息库中查询条件基本相符的求职者的资料。求职者在缴纳一定的费用之后，也可以很便捷地在招聘组织信息库中查询符合自己求职意向的招聘岗位。组织可以从人才中介的人才信息库中挑选人才，也可以委托人才中介挑选。人才中介这种外部招募渠道具有招募针对性强、费用较低的特点。

4. 院校招聘

由于目前社会上有经验的求职者数量有限，而且录用这些人员的成本相对较高。因此，越来越多的组织瞄准了高等院校毕业生这个巨大的人才储备库，经常采取深入院校进行招募的招募形式。

各种层次和类型的院校每年都有大量的毕业生要走向工作岗位，无论在技术岗位还是管理岗位上，不少毕业生会成为就业组织中富有发展潜力的员工。招聘组织关心的院校一般分为中等院校和高等院校两类。中等院校是组织招聘初级办事人员和初级操作人员的主要渠道，而高等院校则是组织招聘较高素质并有发展潜力的专业技术人员和管理人员的主要渠道。每年到各院校毕业生找工作的季节，就会有很多组织到各个校园举办各种招募宣讲会。有些组织为了从院校获得急需的人才，还会与相关院校合作，设立各种奖学金资助对口专业的优秀学生，以此吸引学生毕业后去该组织工作。有些组织还会为学生提供实习工作的机会，以便确定将来长久的雇佣关系。

5. 借助猎头公司

猎头公司是专门为组织招募中高级管理或专业技术人员的外部渠道。在西方国家，猎头公司已发展得相当成熟。在我国，猎头公司也得到了快速发展。当组织需要招聘重要的中高级管理人才和中高级技术人才时，如果本组织的招聘人员不能较好地完成招聘任务，就需要借助猎头公司这个重要渠道。组织必须向猎头公司提供招聘岗位的详细信息材料。借助猎头公司这个渠道一般会比组织自己进行招聘效果好，并且招聘全过程能够做到保密。但是，猎头公司的招聘过程较长，各方需要反复接洽谈判，而且猎头公司的招聘费用昂贵，需要根据录用人才的年薪按照一定的比例缴纳费用。

组织外部招聘的优点如下：

（1）人员选择范围广泛。

（2）有利于带来新思想和新方法。

（3）大大节省了培训费用。

组织外部招聘的缺点如下：

（1）选错人的风险比较大。

（2）需要更长的培训和适应阶段。

（3）内部员工可能感到自己被忽视。

（4）可能费时费力。

研究表明，企业在招募人员时最好采取内外部相结合的办法，至于偏向于内部还是外部，取决于组织战略、职位类别和组织在劳动市场上的相对地位等因素的影响。对招募组织的中高层管理人员而言，内部与外部招聘都是行之有效的方法，并不存在标准答案。一般来说，对于需要保持相对稳定的组织中层管理人员，可能更多需要从组织内部获得提升，而高层管理人员在需要引入新的风格、新的竞争时，可以从外部引进合适的人员。

内部招聘让员工看到了新的职业发展机会，会创造工作满意度和激励因素。此外，用现有的员工来填补空缺职位在一定程度上保证了这些雇员适应组织文化。然而，如果内部招聘系统不公平的话，就会产生其他问题。

第二节　人力资源招聘的问题与短板

为做好招聘工作，首先，要从自身认识上避免问题的产生，比如不要把人员的合理流动看成是不安分的表现。事实上，正是由于人员的流动才使得人力资源的配置日趋合理。正确分析变动的原因并找出其中的精英分子，才是我们关注的重点。其次，要将应聘者与评价标准进行比较，而不是在候选人之间进行比较。人员选拔一定要事先制定评价标准，将候选人与这个标准进行比较。而事实上，有些招聘者往往是在候选人之间进行比较，在众多候选人中挑出最好的。这样做的结果是一种误导，因为如果候选人中最好的不一定能满足职位的要求，就会造成降格录用。

根据人力资源招聘选拔工作中的共性问题以及现实运作过程中的实际情况，归纳出常见问题如下：

常见问题之一：表里不一的遗憾

通常通过对应聘者进行面试，并根据应聘者过去和目前的表现来推断其在以后工作中的表现。而这些信息主要来自应聘者的简历及其在面试中所讲的话，因此，往往会认为应聘者未来在实际工作中的表现会与面试中表现得一样出色。但事实却往往并非如此，有时甚至会令招聘者非常失望。在这个过程中，招聘者至少在三方面遇到挑战：一是应聘者的简历往往刻意突出其优秀的方面，有的甚至有夸大或虚构的成分；二是面试过程中应聘者会故意掩饰自己的缺点，故意迎合招聘者的需求或期望；三是招聘者很难在很短的面试时间内真正了解应聘者。因此，如何透过简历和面试表现的表面现象，识别出应聘者更真实的一面，将是一件非常必要和重要的事。因此，招聘方必须采取更有效的面试方法，尽量避免表里不一的现象发生。

很多人在面试应聘者时，一味希望选到最优秀的人，其实这种想法是一个误区。因为对人员选拔来说，关键的是要合适。许多应聘者正是迎合这种心态夸夸其谈，使得招聘者误入圈套。如果选拔一个过于优秀的人，这个人可能会远远超出职位的要求，那么这份工作对他来说可能丝毫不具有挑战性，他的工作稳定性就会降低。

每种测评方法都是针对特定的目的而设计的，因此它对评价特定的内容是有效的，而对评价其他内容则是无效的，所以选择评价方法要注意选择最合适的才行。例如，我们要想知道一个人在工作中如何与他人相处和合作，如果让他去讲自己是如何与别人合作的，当然我们也可以得到有用的信息，但是如果我们给应聘者一个特定的任务，请他们以小组的方式解决一个问题，这样他们与别人合作的行为就可以展现得淋漓尽致。如果我们想知道一个人使用计算机软件的本领有多高，不妨直接让他在计算机上解决一个问题。

常见问题之二：光环效应的怪圈

面试中另一个严重的问题是无法避免光环效应。在一些面试中，应试者的命运在最初一分钟里就被除数决定了。主考官的个人喜好、信仰、好恶等与工作无关的因素对面试结果有很大的影响。常见的表现有考官偏好、先入为主、以点概面等。

（1）考官偏好：考官偏好在很多招聘中时有发生，也很难避免。比如，面试考官很看重学历，他对高学历者一定是青眼有加。这样在面试开始之前，学历稍低者早已丢失了一分。如果考官是做市场、搞销售出身，对能言善辩者就常有几分好感，而忽略了招聘岗位的特点和需要。

（2）先入为主：所谓先入为主，就是考官在面试一开始对应试者有了一个比较固定的印象。这种印象很难在短时间内改变，比如说考官对应聘者的第一印象是诚实和友善的，那么当发现应聘者的第一个谎言时，会认为是无心之过或是过分紧张，是可原谅的；而如果考官对应聘者的第一印象是油滑的，那么当发现应聘者的第一个谎言时，会认为是习惯使然或是有意为之，是不可原谅的。

（3）以点概面：考官常常会由于应聘者的某一突出的优点而草率做出整

体的判断。比如，在招聘开发项目负责人时，某位应聘者显示出高超的软件开发能力，考官就有可能误认为他是项目负责人的合适人选。但实际上，担任项目负责人一职更为重要的是要具备团队协调能力和开发管理能力，而不仅仅是软件开发能力。这样的光环效应不但会严重影响面试效果，而且会影响公司在应聘者中的形象。

常见问题之三：被动面试

（1）对面试的目的不甚明了：在进行面试前，招聘者需考虑在面试中要达到什么目的；是否要向应试者介绍公司；面试的重点是否放在考察技能水平上；要不要先向应试者介绍一下工作岗位的真实情况；是否允许应试者在这段时间里提问；其他面试考官会问些什么问题；等等。这些都是很重要的问题，需要在面试前就考虑好。

（2）对合格者应具备的条件界定不清：许多主持面试的人，把重点放在问一些能使他们洞悉应试者是否能够成功的问题。可是在很多情况下，究竟是什么能使他们成功界定得并不明确。对任何一个岗位来说，合格者应具备的条件就是胜任工作的品德与才能。才能是指工作成功所需的相关知识、技能、能力和驱动力等。

（3）面试缺少整体结构：许多面试考官在面试中，不愿通过一个完整的过程去收集正确的信息，再选择合适的应试者。这样做会有很大的损失，浪费了很多时间和金钱。正确的做法是：事先根据工作岗位必需的才能列出面试提纲，包括所提的问题和划分等级的方式。

（4）缺少应有的准备：一些面试主考官可能会由于日常工作太忙，对面试没有充分准备，只是在面试的前几分钟匆匆看一看应试者的简历和申请表，结果效果不佳。正确的做法应是在面试前花时间重温一遍工作岗位要求，阅读应试者的简历和申请表，准备好面试所提的问题。这些都是面试成功所必不可少的事前功夫。

常见问题之四：不恰当的面试提问

面试中最常见的误区就是面试提问。常见的错误有重复提问、遗漏重要信息、缺乏提问技巧等。

常见问题之五：缺乏记录

面试过程进行适当记录是必要的。但很多面试过程中，考官只是在应聘者的报名表上做总评性质的记录，只是寥寥数笔，甚至干脆什么也不写，在脑子里记着，待全部面试完后再一气呵成。这种做法在做少量面试时问题还不是很突出，但在对较大批量的同一组岗位人员进行面试时，就只能对第一个人和最后一个人印象比较深，而对其他应聘者的印象就会比较模糊。在面试结束后，仅凭考官头脑中的模糊印象和几句简单的总评对应聘者进行分类，决定取舍，显然有失公平，这样也不利于事后监督和总结面试活动。

第三节　大数据改进人力资源招聘

人力资源管理，不能仅仅局限于传统模式的延续，而应结合时代发展趋势，采取更为科学有效的方略。将大数据方法运用到人力资源各大模块的实践，对组织发展就具有特别重要的意义。

大数据可帮助组织建立有效的人力资源数据库，对现有或未来预期的人力资源数据进行管理完善，但就目前企业的实践而言，这一目标尚未得到较好的实施。人力资源数据太少，大都是集中在企业内部录入的结构化数据，主要起到保存信息和辅助具体事务工作的作用，并不能服务于未来发展需求，提取到的数据也不具备什么应用价值。对企业十分有用的数据大量存在于社交网络中。

企业如果对社交网络信息重视起来，能够帮助企业及时锁定符合企业发展战略的目标人群，找到与企业职位相匹配的合适人才；就求职者而言，能够获得展示自身才能的平台，找到最适合自己的职位，实现自我价值。由此可见，基于大数据的人力资源招聘，无论是对企业还是对求职者，都是十分重要的。

大数据蕴藏着的有价值的信息，有助于实现决策科学化，提高预测精准率，把握发展趋势，适时规避风险。充分利用大数据，能够带动组织人力资源招聘效率提升，招聘质量提高，具有重大实践意义和应用价值。

一、大数据人力资源招聘的新内涵

在大数据背景下，人力资源招聘有什么新的内涵呢？

基于大数据的招聘，正在不断地融合社交网络，借助社交基因弥补传统网络招聘的不足，能够使雇主与应聘者之间进行深度了解与交流，既节约成本，又提高效率。

大数据背景下的招聘，是在分析大量数据的基础上，通过提取和分析有价值的数据，做出招聘方向、策略选择，实行目标定位的。商业意识超前的企业，可以把招聘系统当成一种商品在互联网上以租赁的模式给客户提供服务，创造价值。

大数据时代下的组织人力资源招聘有什么特点呢？

大数据招聘能够改进传统人力资源招聘方法单一、信息不足、认知片面的弊端，为客户和组织提供求职和招聘的平台。这样的平台能够将线上、线下各种网络渠道整合在一起，实现信息共享。

（一）整合招聘信息渠道

大数据招聘管理系统能够将各渠道发布的招聘信息进行整合，提高搜索信息的有效性，实现招聘流程的规范性和标准化，整合碎片化的招聘渠道信息，提高企业人力资源管理部门和业务部门通力协作的有效性，提高整体招聘效率。

（二）降低招聘成本

招聘管理系统可以帮助组织减少一些不必要的成本。因为该系统能实现最大化的招聘资源共享。例如，提供视频会议系统解决分布式、模块化、大容量的远程招聘解决方案。招聘数据化、系统化减少了从事传统招聘各环节运行的成本。

（三）提高招聘质量

大数据方法能够分析每个岗位的胜任特征，筛选与岗位需求较吻合的求职者，将人才素质进行量化模型匹配，通过数据计算得出较为科学的得分模型，帮助寻找高度匹配的目标人群，这就有助于提高招聘质量和效率。

（四）实现招聘效果量化管理

运用大数据的人力资源招聘，从招聘条件的筛选、招聘计划的制订、招聘方式的选择到招聘目标的确定，都可以借助大数据提出可量化的方案，分析趋势，便于管理层制定决策。招聘效果的量化管理能够为人力资源管理其他模块提供指导和参考，从而更为系统地全面提升企业人力资源管理水平。例如，通过招聘效率分析渠道的效能。

目前，招聘渠道日趋多元化、碎片化，需要建立一个能够将各渠道整合的平台。基于大数据进行招聘，能够帮助组织在更大范围内锁定人才、筛选人才，预测其离职倾向及入职后的科学化培养、保留，及时发现人力资源管理中存在的问题。

二、大数据人力资源招聘的新措施

（一）运用网络技术，提取招聘目标

现代网络技术的应用，能够节约时间、节约成本，不受时间、空间限制地发布信息，并可以通过"网络可视招聘"系统，实现组织与求职者面对面进行双向交流和选择，从而提高个人求职与组织求才的效率。

（二）通过社交网站，形成"传递"效应

当需要招聘员工时，传统的做法是张贴招聘信息，等待招聘会举办投递简历，这无疑会影响招聘进度。现在，可以利用论坛、微博、朋友圈等社交网络平台，随时随地发布招聘信息，不仅能在与自己相关的圈子内网罗人才，还能够通过

转载、评论等方式将招聘信息快速传递，形成"传递"效应，同时起到树立公司形象的目的。

（三）系统加人工，建立筛选"双保险"

在完成招聘工作的组成部分中，筛选简历无疑是一个重要的环节，仅靠人工筛选成千上万份简历，会影响招聘效率和招聘者的工作状态。在网络环境下招聘人员可以做到实时、实地筛选简历，只要在系统中设定必要条件，经过人工双重筛选，就能提高工作效率。

大数据时代下的招聘是基于现代网络技术产生和发展起来的，只有不断提升相关技术水平，增强信息收集、提取和分析能力，才能不断适应招聘活动需要，满足招聘需求。

三、大数据在人力资源招聘中的应用

（一）在人才搜索工作中的应用

在现代世界中，企业间的竞争是人才的竞争，而企业招聘人才乃是人力资源管理部门的首要任务。传统的招聘通常遵循下面的步骤：首先是人才需求部门向主管做出报告。其次是将招聘信息张贴于公司门户。当应聘者发现信息，引起兴趣，他们会将简历发过来表示愿意应聘。之后，企业人力资源部会选择应聘者的简历，面试候选人，直到找到合适的人才。在选择过程中，除了教育、性别、职业等硬指标外，实际上面试官的经验发挥了重要作用。但现实表明，这么做往往是偏颇的。现在，大数据方法可以很好地矫正它。首先，大数据提供的是一个内容更加广泛的招聘工作平台。公司对汇集到社交网络上的简历信息和应用信息进行分析，可以帮助招聘人员寻找到更多有关候选人更加丰富的信息，包括个人视频图像、生活条件、社会关系、特殊能力等，使候选人的形象变得更加生动。这无疑将有利于组织实现准确的"人岗匹配"。

（二）在数据处理中的应用

人才评价在当前人力资源管理技术中已经越来越受到重视。目前，评价过程较多采取专家评估的形式，采用综合评价的方法，但这些方法都是很主观的。鉴于此，研究人员研究了多种利用大数据让数据说话的方法。发达国家在这方面应用较多，发展中国家应用较少。但是，利用大数据分析确实可以有效处理大量的数据，满足用户需求。

（三）在数据挖掘中的应用

数据挖掘技术是一个强有力的工具，它能够帮助企业找出合适的规则来指导工作的进行。比如数据挖掘中的分类技术，通过分析企业现有员工与应聘者的关系，能对招聘工作起到指导作用。比如，在数据库中随机选出测试样本，对数据进行预处理，构建出人才招聘的数据模型。人才测评是招聘工作的重要环节之一，但目前企业的人才测评算法还不够成熟。利用大数据可以改进人才测评中的一些问题，以及以前算法中不成熟的地方，从而为人才选拔提供更好的工具。

大数据能从大型的人力资源数据库中挖掘出人才的一些隐匿的信息，帮助企业招聘决策人员找到数据间潜在的联系，从而更有效地进行人才测评。

第八章 大数据背景下人力资源使用管理

第一节 人力资源使用的界定与宗旨

人力资源是第一资源，是企业最宝贵的资源。人力资源对生产力发展起着决定性的作用，对企业经营战略的实施起着保障作用。随着经济全球化的进一步推进，能否在竞争日趋激烈的环境中生存和发展，关键在于企业是否具备核心竞争力，而核心竞争力主要来自企业中的人力资源。任何企业都离不开优秀的人力资源管理，中小企业更是如此。戴尔·卡耐基就曾说："假如我的企业被烧掉了，但把人留住，我20年后还是钢铁大王。"

企业是从事生产、流通、服务等经济活动，以生产或服务满足社会需要，实行自主经营、独立核算、依法设立的一种营利性的经济组织。人力资源是指一定时期内组织中的人所拥有的能够为企业所用，且对价值创造起贡献作用的教育、能力、技能、经验、体力等的总称。现代企业人力资源的合理配置与使用是企业人力资源管理的重点内容。在企业里，人是最活跃、最有潜力可挖、可以最大化创造利润的要素。

基于大数据的理论分析，转变传统人力资源管理思维方式，形成大数据思维，积极变革人力资源管理模式和管理方法，成为企业人力资源管理应对大数据时代挑战的核心。维克托·迈尔·舍恩伯格指出，大数据颠覆了千百年来人类的思维惯例，对人类的认知和与世界交流的方式提出了全新挑战。人力资源使用，可以通过大数据进行合理的分析与组织，更好地做到知人善任、量才录用，将人力资源的利用率提高，以最佳的人力成本为企业创造最大的经济价值。

一、人力资源使用的界定

人力资源使用，是在经济学与人本思想指导下，通过有效的人力资源合理规划，在人员录用、人员激励、人员考核方面对组织人力资源进行有效运用，满足组织当前及未来发展的需要，保证组织目标实现与员工发展最大化的活动。

人力资源使用，贯穿企业人力发展的全过程。

人力资源使用，既要考虑组织目标的实现，又要考虑员工个人的发展，强调在实现组织目标的同时实现个人的全面发展。

人力资源使用的原则是把合适的人配置到适当的工作岗位上，引导新雇员进入组织，适应环境，才得其位、才得其用。

（一）人力资源使用的前提是"人得其位"

一个企业如何科学合理地选拔员工进入职位，是企业得以发展的基础。这是显而易见的道理。举一个很简单的例子，一个化工集团招聘过多学文科的员工，这个企业必然要走下坡路。虽然说这些人可以通过培训来使自己的知识结构得以改变，但是，能不能适应企业业务发展，还是一个未知数。专业不对口必然影响其才能的发挥。因此，无论是从招聘人才企业的角度来说，还是从一个应聘者的角度来说，选择专业对口的员工或企业是尤为重要的。同时，对企业而言，选择那些道德水平高、业务素质好的员工作为新鲜血液，对企业的未来发展是意义重大的。

如何有效利用企业人力资源，以最佳人力成本创造最大的经济价值，是当代企业竞争获胜的重要法宝。科学有效配置人力资源，使之不浪费不闲置、高效运作，并建成一支高素质的人才队伍，是企业发展壮大的根本保障。人力资源优化配置的根本目的是更好地运用"人力"。人力资源的科学有效配置就是要合理而充分地利用包括体力、智力、知识力、创造力和技能等，通过一定的途径，创造良好的环境，使其与物质资源有效结合，以产生最大的社会效益和经济效益。这不仅是个人力资源管理学的问题，同时也是一个社会经济学的问题。

人力资源的资源性决定了这种对象的可开发性。人力资源开发就是针对人体所蕴含的各种能力及潜能而言的。而人的自主意识又对自己潜能的发挥起着重要作用。人力资源配置的优化就是通过一系列举措，使管理对象的所有能力包括潜能，得到充分发挥，为社会经济发展所用，变成一种现实社会生产力。人力资源虽然是包含在人体内的一种生产能力，但如果人力资源配置的结果不当，也难以使这种能力发挥出来。

如果组织通过科学评价，使一个人获得了合适的工作岗位，那么，下一步很重要的一件事就是建立与他的信任关系，从而使之对组织产生强烈的"归属感"，使员工发自内心地愿意长期为组织创造价值。员工归属感，指的是员工对所在组织的认同、奉献和忠诚态度。员工归属感的建立，是其在组织中"主人翁"角色获得的标志。专家指出，归属感是组织价值内在化，它能够生成内在驱动，是道德性的和自觉性的。员工归属感的作用巨大：产生大量的有利组织行为，工作热情积极，主动尽责，甘愿奉献与牺牲，不计报酬。培养员工的高度组织归属感，是高明的用人者的根本任务。

（二）所谓会用人，就是会激励人

1. 激励的含义

"激励"一词源自英文单词 motivation，本义是一个有机体在追求某种既定目标时的意愿程度。它有激发动机、鼓励行为、形成动力的含义，就是人们常说的调动积极性。

对人的激励过程就是满足其需求的过程，它以未能得到满足的需求开始，以需要得到满足而告终（解除了紧张）。激励过程包括未满足的需要、紧张、内驱力、寻求行为、满足需要、新的需要。在激励过程中起作用的关键因素有个人的需要、个人的努力和组织目标三个方面。

2. 激励的划分

激励类型的选择是做好激励工作的一个前提条件。激励有多种类型，可以从不同角度进行划分。

（1）从激励内容的角度，可以分为物质激励与精神激励两种类型。

物质激励是从满足人的物质需要出发，对物质利益关系进行调节，从而激发人的向上动机并控制其行为的趋向。物质激励多以加薪、奖金等形式出现。

精神激励是以满足人的精神需要出发，对人的心理施加必要的影响，从而产生激发力，影响人的行为。精神激励多以表扬、记功、评先进、授予先进模范称号等形式出现。物质激励和精神激励目标是共同的，都是为了强化行为、提高人的工作积极性。但是，它们作用的着力点是不同的，前者主要作用于人的物质需要的满足；后者则着眼于人的心理，是对人的精神需要的满足。

（2）从激励的性质或方向角度，可以把激励分为正激励和负激励两种类型。

正激励是当一个人的行为符合组织需要时，通过奖励的方式鼓励这种行为，以达到保持这种行为的目的。负激励是当一个人的行为不符合组织需要时，通过制裁的方式来抑制这种行为，以达到消除这种行为的目的。负激励的手段既可以是物质方面的，如降低工资级别、罚款等；也可以是精神方面的，如批评、处分、记过等。正激励与负激励都以对人的行为进行强化为目的，但它们的取向相反。正激励起正强化的作用，是对行为的肯定；负激励起负强化的作用，是对行为的否定。

（3）从激励作用于对象的角度，可以把激励分为内激励和外激励两种类型。

内激励源于人员对工作活动本身及任务完成所带来的满足感。它是通过工作设计（使员工对工作感兴趣）和启发诱导（使员工感到工作的重要性和意义）来激发员工的主动精神，使人们的工作热情建立在高度自觉的基础上，以发挥出内在的潜力。

外激励是运用环境条件来制约人们的动机，以此来强化或削弱相关行为，进而提高工作意愿。它多以行为规范或对工作活动和完成任务付给适当报酬的形式出现，限制或鼓励某些行为的产生，如建立岗位责任制，以对失职行为进行限制；设立合理化建议奖，用以激发工作人员的创造性和革新精神。

（三）人力资源激励的有关理论

半个世纪以来，管理学家、心理学家和社会学家从不同的角度研究了应当怎样激励人的问题，提出了许多激励理论。这些理论基本上可以分为内容型、过程型、行为改造型激励理论。

1. 内容型激励理论

内容型激励理论侧重研究激发动机的因素。由于这类理论的内容都围绕着如何满足需要进行研究，因此也称为需要理论。它主要包括马斯洛的"需求层次论"、赫茨伯格的"双因素理论"和麦克利兰的"成就需要激励理论"等。

2. 过程型激励理论

过程型激励理论着重研究从动机的产生到采取具体行为的心理过程。这类理论都试图弄清人们对付出劳动、功效要求、薪酬奖励价值的认识，以达到激励的目的。它主要包括弗隆姆的"期望理论"、亚当斯的"公平理论"和洛克的"目标设置理论"等。

其中期望理论是指个体动机行为的活动过程为"个人努力＋个人成绩＋组织报酬＋个人目标"。该理论核心是"期望值"。一个人积极性被调动的程度取决于各种目标的价值大小和期望概率的乘积。用公式表示，即：

$$激励力量=目标价值×期望值$$

这一理论说明，激励对象对目标价值看得越大，估计实现的可能性越大，激发的力量也就越大；期望值的大小则决定于目标的价值大小和目标实现的可能性两个因素。为此，应当在人力资源使用和管理中，解决努力与绩效的关系、绩效与报酬的关系、报酬与满足个人需要的关系。

公平理论是指个人将自己的"投入—报酬"关系与他人进行比较得到一定的

感受，这种感受的反馈会影响下一步的努力。公平理论对管理实践有很重要的价值。首先，公平理论强调组织对待员工公平的方法的重要性，管理人员应该让员工充分感受到他们受到了公平对待。其次，公平理论还提出在以人为中心的管理中，不仅注意组织中每个人的自身状况，还要特别注意组织内外的人与人之间比较的影响，防止人的"社会比较"引起行为的负效应。

3. 行为改造型激励理论

行为改造型激励理论，着眼于行为的结果，认为当行为的结果有利于个人时，行为会重复出现；反之行为则会削弱和消退。这类理论以斯金纳的操作性条件反射为基础，侧重研究对被管理者行为的改造修正。它主要有"强化论""归因论""力场论""挫折理论"等。

二、人力资源之激励性使用

现实的激励因素决定了员工工作动机的强弱。一般而言，现实的激励因素主要包括以下几个方面：

（一）任用情况

知人善用，善于观察人，较快地认识人的兴趣、爱好、才能和知识，善于按事选人，平等竞争，使每个人拥有同样的机会，找到最适合发挥自己才干的舞台。

（二）信任程度

领导者与被领导者的互相理解、互相信任。

（三）晋升制度

每个人都希望晋升，但是由于职位有限，不可能满足所有人的晋升需求，因而要求一个公正、公平、严格考核、择优晋升的体系，激励员工不断提高自己、充实自己，在竞争中获胜。

（四）薪酬制度

薪酬在目前阶段仍是最主要的激励形式，要力争实现薪资制度的合理性、公正性与竞争性。

（五）奖励制度

奖励包括物质奖励和精神奖励，用来满足员工自尊和自我实现的需要，进而提高其工作积极性。没有公正的考核，就不会有公正的奖励制度。要正确处理物质奖励与精神奖励的关系，在保持一定物质奖励的基础上，着重提高精神奖励强度。

（六）处罚制度

处罚制度可以有效防止和纠正各种非预期行为，保护多数员工的主观积极性。

正确的处罚制度应注意：处罚制度应保持严肃性，在反复调研的基础上产生，宽严适度；处罚制度一经确定，就应严格遵守；处罚制度主要针对少数人，而且是辅助手段，应防止过分夸大处罚的作用。

（七）参与程度

一个单位的成员，地位再低，也有他的自尊，也希望得到他人的尊重、理解和平等的对待，希望自己的看法和建议有人倾听并被采纳。因此，决策过程应该鼓励下级积极参与，以发挥下级的主观能动性。

（八）福利状况

福利包括住房、医疗保险、养老保障、工作环境、福利设施等，既是满足员工生存、安全、社交的重要途径，也是外在激励的重要组成部分。良好的福利条件，会使员工感到组织的温暖，增强组织的凝聚力，从而激发员工更加积极地工作，自觉发挥个人的主观性、创造性和能动性。

三、人力资源使用的宗旨与原则

人力资源使用的宗旨在于能够最大限度地实现人尽其用，组织能够更加充分地发挥人的体能、智能、知识力、创造力，促使人力资源与物力资源实现完美结合，以产生最大的社会效益和经济效益。人力资源的使用有以下三大原则：

（一）合理使用原则

人力资源的合理使用，即指人力资源得到充分开发和运用，以达到人力资源供需的大体平衡，从而实现企业效益的最大化。

人员的能力和岗位相匹配，有利于人尽其才、才尽其用。为了实现人力资源的合理使用，组织应该避免一些不良现象，比如人浮于事、用非其人、机构臃肿、收益下降等。

（二）良性结构原则

人力资源的良性结构包括组织内所使用的人力资源的数量、质量、构成、效能等问题。配置得当，则"以一当十"；配置不当，则"十不抵一"。良性的人力资源结构不是随意形成的，需要开动脑筋加以谋划。

组织的人才结构与组织战略紧密相关。组织战略转变，必然会引起组织人才结构的相应变化，否则不能完成组织的既定目标。良性的人力资源结构必然是既精简又高效的，唯有如此，才能够提高人力资源的投入产出率。

（三）效益提升原则

提高人力资源的使用效益，就是争取"高效劳动"，降低"低效劳动"，避免"无效劳动"。"高效劳动"既是组织需要的理想状态，也是实现人员潜能有效开发、使人力资源的价值得到充分实现的正确途径。

提高人力资源使用效益的方法很多，比如重视采用先进的科学技术，倡导技术革新、技术进步；重视采纳群众智慧，采纳合理化建议；实行对外开放政策，吸纳组织外部的先进经验等。

第二节　人力资源使用中的问题

一、缺少长远规划，人才配置不当

任何成功企业的核心问题都离不开制订企业发展的长远战略规划，其中包括人力资源战略规划。

人力资源配置不当，将导致企业内耗严重。目前，有些企业存在的问题有：有些员工之间不团结，工作上不是互相支持，而是互相拆台；部门与部门之间的工作相互脱节或相互扯皮。企业内部凝聚力低下，人力资源利用效率必然低下。

职工的才能与岗位不匹配，是因为缺少科学的人才测评手段。由于没有做工作分析，致使工作岗位职责、工作任务及岗位对职工的要求不清楚。一个普遍存在的问题是，往往在招聘阶段就很难达到"人岗匹配"。人才招进来之后，又忽视对其培训开发，使得问题很难解决。

二、分配机制不透明，员工利益受损害

很多组织在员工利益分配方面缺乏公开、公平、公正机制。即使有些企业为吸引人才，制定了一系列薪资福利制度，但由于缺乏科学合理的绩效考评体系及与之配套的措施，或是薪资福利制度本身就存在缺陷，并不能确保人才在其付出智慧和劳动后得到适当的经济利益报偿，从而使这一制度流于形式，起不到科学使用人力资源的作用。

三、育人机制不理想，职业发展受阻

很多民营企业虽然认识到了人才的重要性，但是对人才的培养都没有信心。因为他们辛辛苦苦培养出的人才，最终"跳槽"到了其他企业，甚至成为竞争对手。这就造成了很多企业不再愿意培养人才，不愿"为他人做嫁衣"，对人才采取了随取随用的态度。这样，员工对自己未来的职业发展道路不明确，加之劳资双方契约关系不规范，缺少相应法律约束力，给员工的随意流动提供了土壤。

如果企业只是为满足自身单方面利益招聘员工，而不能给予员工适当的职业生涯发展指导和保障，员工也仅仅是将企业作为实习的基地和积累经验、资历的平台，是奔向下一个目标的"跳板"，很难沉下心来将"工作"当成"事业"来做，双方都是各取所需，而不去谋求长远，那么，就很难达成相互信任、协调发展、互利共赢的局面。

四、文化建设滞后，组织凝聚力不强

企业在文化建设方面不仅仅是重视并加大了投入、有了职工活动中心、配备一些器材就算有了自己的企业文化，这种观念是落后的。企业应该在价值追求、经营理念、制度建设、目标方针等方面对职工进行积极引导。要孕育企业核心文化，力求得到广泛认同。只有目标一致时，人才之间才会有共同语言，才能进行更好的协作。

第三节 大数据改进人力资源使用

大数据时代下人力资源管理模式的创新，有赖于管理者观念的更新，只有当管理者的观念和态度变化了，管理者的行动才能变化，从而促成管理模式创新的最终形成。然而，由于思维上的惯性，有的人力资源管理者仍然沿用传统的人力资源管理观念、方法开展工作，忽视了当前的大数据时代新格局。

利用大数据升级改造传统人力资源使用方法，就是顺应时代潮流，紧跟时代步伐，也是当今"互联网＋"对人力资源领域的要求。

将"大数据思维"融入人力资源使用的各个环节，必将提高人力资源使用的效率和企业的价值。

一、实行大数据思维，利用大数据决策

人力资源使用的大数据思维，基于大数据的理论分析，转变传统人力资源管理思维方式。维克托·迈尔·舍恩伯格指出，大数据颠覆了千百年来人类的思维惯例，对人类的认知和与世界交流的方式提出了全新的挑战。"大数据思维"变革主要包括以下内容：

（一）人力资源使用者首先应具备大数据思维

不仅需要战略上具备对使用对象的洞察力和前瞻性，还需具备拨云见日的本领，具备更高敏感性、专注力和创新思维的能力。同时，还要注重向员工培训和灌输大数据思维方式。

（二）将人力资源大数据视为组织发展中的核心生产要素

人力资源管理部门作为组织中的重要职能部门，每天需要接触处理的信息量逐渐变大，数据种类也日益多样化，如搜集员工基本信息、工作绩效统计、受训情况登记、人工成本计算、人力资本投资回报率、员工满意度、员工敬业度、核心员工流失率等。此外，组织外部可以获取的相关人力资源信息数量相当大，按大数据思维要求，需要把丰富的人力资源均视为组织资产加以利用。

（三）用人决策模式的转变

人力资源使用者需要将依据"经验＋感觉"式的用人决策，转变为依据"事实＋数据"的用人决策。没有数据依据，只是凭借道听途说与主观经验的决策都是不可取的。

二、优化组织数据库，进行大数据"人岗适配"分析

社交网络是目前拥有大数据的最大主体。组织能够借助社交网络的大数据获取应聘者的各类信息，包括工作信息、生活状况、社会关系、能力情况等都可能为人力资源管理部门所掌握了解，从而形成关于职工的立体信息，实现精准的"人岗匹配"。

"人岗匹配"的本质要求是进岗者与岗位胜任力的匹配。也就是说"匹配度越高"，适才适用的概率越高。在传统的人力资源管理过程中，是否做到"人岗匹配"大多是非常模糊的。这是因为那时的"人岗匹配"就是基于上级主管的主观感觉、个人经验与判断。但在大数据时代，人力资源管理部门可以搭建一个可靠性较高的人岗匹配平台。在这个选拔匹配平台的前台，是对于目标岗位的系统描述以及候选者应该具备的各项胜任能力的素质要求。选拔匹配平台的后台，是候选者的各项能力素质指标按照目标岗位的胜任力维度进行分解展现，进而可以直观观察候选者的胜任力与目标岗位的胜任力的匹配情况，进而极大提高选拔的精度与效率。

三、适应大数据的开放要求，建立人才管理体系

大数据时代的到来，要求企业人力资源管理者顺应大数据的开放性要求，树立开放的思想和态度，以积极的态度将信息技术与人力资源管理工作结合起来，不要仅仅把视野局限于简单的人事管理工作，重在倡导员工在大数据平台上进行学习与沟通交流，从而不断丰富组织人力资源大数据，并把它应用到人力资源规划、招聘、培训、绩效考核和薪酬管理等各个环节中去。

建立基于大数据的企业人力资源管理体系，从宏观层面上说，是对企业发

展进行指导性把控；从微观层面上说，是对组织内部的科学管理。要采取信息化、智能化的管理方式，以人为本，为员工价值的实现提供合适的平台，实现员工和组织的共同发展。

四、以大数据为基础，实行人员有效激励

"针对性＋多元化"的有效激励，不仅是对员工过去业绩的肯定，使其获得成就感，而且对员工未来工作积极性的提高具有重大的意义。

随着人力资源管理系统的不断发展，薪酬激励的手段不断增多，体系日趋完善。在大数据时代，要以数据为基础，用事实说话，才能做到客观公正，保证人才队伍的稳定。

通过对行业、产业基础数据的广泛了解，对那些长期服务于公司的员工要加大物质激励的力度，并且通过全面的数据分析来确定具体额度。对那些在能力数据和潜力数据方面表现优秀的员工，还要采取多元化的激励手段。根据马斯洛的需求层次理论，组织高层或骨干员工，无不希望在专业上有所建树，在职位上有所提升，他们对名誉、权威的需求比物质利益更加强烈。因此，企业可以制订相应的进修计划、晋升计划。

此外，感情激励也是一种很好的激励手段，是对员工的关心与体贴。组织恰当地利用感情激励，能够调动员工的工作热情，培养员工的忠诚度，从而打造一支稳定的工作团队。例如，有的企业建立起了内部经济困难预警系统，当发现员工用餐消费低于一定数额时，系统会自动给其发送通知，询问其是否需要帮助。相关人员还会进一步核实情况，最终确定是否对其提供帮助以及帮助的具体程度。

第九章　大数据背景下的
人力资源考核管理

第一节　人力资源考核的含义与功能

　　人力资源考核，是人力资源管理的核心问题，是保障并促进组织内部管理机制有序运转、实现管理目标所必须进行的一种管理行为。美国组织行为学家约翰·伊凡斯维其认为，人力资源考核可以达到以下七个方面的目的：为员工的晋升、降职、调职和离职进行评估；组织对员工绩效考评的反馈；员工和团队对组织的贡献进行评估；为员工的薪酬决策提供依据；对招聘选择和工作分配的决策进行评估；了解员工和团队的培训及教育的需要；对工作计划、预算评估和人力资源规划提供信息。

　　员工工作的好坏、绩效的高低直接影响组织的整体效益和效率，因此，人力资源绩效考核与管理是企业人力资源管理部门的一项重要任务。

　　随着大数据时代的来临，管理信息化加快了脚步。然而，面对繁杂、庞大的数据海洋时，如何做到科学有效，是一个值得重视的问题。

一、人力资源考核的含义

　　人力资源考核即绩效考核，是一项系统工程。人力资源考核的定义是：组织在既定的战略目标下，运用一定的标准和指标，对员工过去的工作行为以及取得的工作业绩进行评估，并运用评估的结果对员工将来的工作行为和工作业绩产生正面引导的过程和方法。

明确这个概念，可以明确绩效考核的目的及重点。组织在制订发展规划、战略目标时，为了更好地完成这个目标，需要把目标分阶段分解到各部门，最终落实到每一位员工身上，也就是说，每个人身上都有任务。绩效考核就是对组织人员完成目标情况的跟踪、记录、考评与改善。

人力资源考核是组织在发展中必备的管理职能，对企业而言具有重要的现实意义。首先是衡量员工是否称职的重要管理工具，能够提前发现思想、意识、能力素养不达标的职工，以做好事前控制准备工作。其次是能够有效地进行人才发掘，选拔出对工作有激情、有能力的好员工，并将其合理安排到更加重要的工作岗位上。最后是通过绩效考核的结果，对员工实行正确的奖惩措施，起到激励作用。

二、人力资源考核考核的内容

人力资源考核包括业绩考核和行为考核两大部分。业绩考核主要考核员工在组织业务上的绩效；行为考核主要考核员工行为上是否规范，是否符合组织文化和规章制度。绩效考核的内容在国内外有所不同。绩效管理与绩效考核不同，它不仅包括考核环节，而且从管理角度提升了考核的眼界与层次。

（一）国内的情况

目前，国内具有一定代表性的意见认为，绩效管理是一系列以员工为中心的干预活动。它包括四个环节，分别是目标设计、过程指导、考核反馈和激励发展。

1.目标设计

目标设计既包括作为结果的目标设计，如数量、质量、成本、时间等；也包括作为行为的目标设计，主要指员工在工作中表现出的态度、努力程度和能力等胜任特征。目标设计主要是针对具体的工作岗位职责而设计，但也要考虑组织的发展目标及部门目标，使它们之间建立紧密的联系。

2. 过程指导

过程指导强调的是考核之前管理者对于员工的具体激励、反馈和辅导，这充分体现了绩效管理以人为本，关注员工的发展与进步。在激励阶段，强调的是非正式激励的途径和方法。在反馈阶段，强调不仅要考虑正面反馈的方法，而且要考虑负面反馈的方法。在最后的辅导阶段，强调管理者，特别是基层管理者要针对员工的行为表现进行及时的纠正、示范和培训，对于出现的困惑进行辅导咨询。

3. 考核反馈

考核涉及结果和行为两个方面，结果考核比较容易操作。

4. 激励发展

激励发展是将绩效考核的结果应用于职工发展的关键环节包括奖惩与进退，以及制订培训发展计划等。

以上四个环节将根据绩效管理工作的进行，不断循环反复，在达到个人和企业的目标之后，再重新设计目标，进入新的绩效管理阶段，从而不断调动员工的积极性，增强组织的竞争力。

（二）国外的情况

国外专家对绩效管理系统的设计提出了自己的看法。如加拿大专家认为，成功的绩效管理主要由以下四部分组成：指导、激励、控制、奖励。尽管这些概念在理解上存在一些差别，但在实际绩效管理的活动过程中是紧密相连的。例如，对员工进行奖励是整个绩效管理活动的最后一部分，但员工想要得到这种奖励的希望，成为一个主要的激励因素。同样，绩效考评过程又为控制活动提供了必不可少的信息反馈。

1. 指导

因为员工并不能对方方面面的工作行为都给予同样注意，所以就有必要在某些重点之处给予提示。在一个比较好的绩效管理活动中，上级主管应该明确每位雇员的工作职责，以及与此相关的特定工作行为。指导活动的主要内容就是给员工清楚地指明：问题是什么，以及应如何去做。

2. 激励

与较强的工作动机相关的有两方面因素：目标设定和员工参与。如果在绩效管理活动中能具备这两方面要素，员工就会主动履行各自的工作职责，具有很高的工作积极性。

3. 控制

控制过程之所以与绩效管理紧密相连，是因为它贯穿于绩效考评的整个过程。然而值得注意的是，有时组织只注重于衡量工作表现的某一小方面，而忽视了所应达到的大目标。换句话说，就是组织要从短期和长期战略出发，来设计绩效评估体系。有很多管理者为在本年度取得辉煌成果竭尽全力，到头来才意识到身体健康受到损伤（脑力或体力方面），显然在以后的工作中就不会再达到同样的水平。总之，控制过程不仅包括阶段性的评估，而且应有长远考虑。

4. 奖励

奖励活动是绩效管理活动过程中的最后一个要素。现在，绩效薪资制已经成为薪资管理专家们研究的"热点"问题之一。尽管这类薪资制度在研究领域颇为盛行，但许多组织发现这一计划并没有付诸实施。其主要原因就在于企业有限的资金预算导致计划的落空。

总之，企业成功的绩效管理活动就是一个基于上述四个基本环节相互影响、相互作用、相互适应、相互调整、循环往复的动态过程。

三、绩效考核的作用

（一）绩效考核是人员任用的依据

在组织发展过程中，存在部分不求进取、思想觉悟较差的员工，他们从根本上影响组织的健康有序运行，同时也对工作积极性高的员工造成思想认知方面的影响，认为"多干与少干都无太大区别，没有人能够对自己的努力给予肯定"，逐渐出现岗位懈怠。但通过绩效考核效能的发挥，可以有针对性地对每一位员工做出综合评价，发现每个人的专长及工作能力，从而做出合理的人员任用及配置。

（二）绩效考核是员工职务调整的依据

伴随科学技术的进步，企业对专业人才的重视程度也得到了提升，领悟到岗位用人应做到扬长避短，尽可能发挥员工的长处。而通过考核可以从不同方面准确地收集到员工工作信息，如工作成就与态度、技能的娴熟程度以及理论深化程度等。通过考核，并通过对此类信息的大数据分析，可以做出哪个人应该调整到哪个位置的人岗匹配建议，实施岗位、职务调动。这样，既能做到适才适用，又能够增加企业效益。

（三）绩效考核是员工培训的依据

绩效考核的结果运用，包括发现员工短板，以便有针对性地实施员工培训。培训实际上是一种有效的人力资本投资。获得这种投资的人，能够增长某个方面的才能，从而适应某个岗位或更高岗位的能力需求。

（四）绩效考核是确定奖惩的依据

在现代企业管理中，薪酬是工作分析、工作定价的结果，但是奖惩是绩效考核的结果。如果一个人连续若干年考核等级都是优秀，那么就应该理所应当地得到奖励和晋升，因为事实证明他能胜任工作且工作很优秀。反过来，如果一个人连续两年或两年以上考核等级都是不称职，那么，这个人就属于要么离开岗位，要么受到处罚的对象。考核的功能之一就是展现人的能力与绩效的差异性、区别性，从而决定其进退去留。

（五）绩效考核是促进员工成长的重要手段

员工从进入企业的那一刻起，公司便有义务满足其在企业中的成长需要。因此，制订科学合理的人才成长计划，也是一个公司规范化运作的体现。而绩效考核作为规范企业员工行为的重要保障，自然也成为员工成长的利器。通过绩效考核，可以帮助员工制订职业发展规划和良好的成长计划，强化自身专业技能的娴熟度，积累经验，逐渐成长为一个优秀的企业精英人才。

四、绩效考核的方法

较为常用的绩效考核有以下数种：

（一）交替排序法

交替排序法的原理是在群体中挑选出最好的或者最差的绩效表现者，较之于对其绩效进行绝对考核要简单易行得多。因此，交替排序的操作方法就是分别挑选、排列"最好的"与"最差的"，然后挑选出"第二好的"与"第二差的"，这样依次进行，直到将所有被考核人员排列完全为止，从而将优劣排序作为绩效考核的结果。交替排序在操作时也可以使用绩效排序表。

（二）配对比较法

配对比较法是一种更为细致的通过排序来考核绩效水平的方法，它的特点是每一个考核要素都要进行人员间的两两比较和排序，使得在每一个考核要素下，每一个人都和其他所有人进行比较，所有被考核者在每一个要素下都获得了充分的排序。

（三）强制分布法

强制分布法是在考核进行之前就设定好绩效水平的分布比例，然后将员工的考核结果排列到分布结构里去。

（四）关键事件法

关键事件法是一种通过员工的关键行为和行为结果来对其绩效水平进行绩效考核的方法，一般由主管人员将其下属员工在工作中表现出来的非常优秀的行为事件或者非常糟糕的行为事件记录下来，然后在考核时点上（每季度或者每半年）与该员工进行一次面谈，根据记录共同讨论，来对其绩效水平做出考核。

（五）行为错定等级考核法

行为错定等级考核法是基于对被考核者的工作行为进行观察、考核，从而评定绩效水平的方法。

（六）目标管理法

目标管理法是现在更多企业采用的方法，管理者通常很强调利润、销售额和成本这些能带来成果的结果指标。在目标管理法下，每个员工都有若干具体的指标，这些指标是其工作成功开展的关键目标，它们的完成情况可以作为评价员工的依据。

（七）叙述法

在进行考核时，以文字叙述的方式说明事实，包括以往工作取得了哪些明显的成果、工作上存在的不足和缺陷是什么。

（八）360°考核法

360°考核法又称交叉考核，即将原本由上到下、由上司评定下属绩效的旧方法，转变为全方位360°交叉形式的绩效考核。在考核时通过同事评价、上级评价、下级评价、客户评价以及个人评价来评定绩效水平。交叉考核，不仅是绩效评定的依据，而且是可以从中发现问题并进行改革提升的手段。管理者要找出问题原因所在，并着手拟订改善工作计划。

五、绩效考核的一般程序

绩效考核是一项系统工程，大体由三个阶段构成，依次为准备阶段、实施阶段、反馈阶段。

（一）准备阶段

要明确考核的目标对象，根据不同的考核目标选择有针对性的绩效考核内容及考核标准。

要正确回答"谁来考核，考核谁"的问题。在被考核者明确的情况下，具体考核者由哪些人组成，取决于三种因素：被考核者的类型、考核的目的、考核指标和标准。

考核者是保证绩效管理有效运行和工作质量的主体。在一般情况下，所有考核者都应具备以下条件：作风正派，办事公道；有事业心和责任感；有主见，善于独立思考；坚持原则，大公无私；具有实际工作经验，熟悉被考核对象情况。

在企业中，被考核者大致可以分为四大类：生产人员、管理人员、技术人员和市场营销人员。这四类人员所承担的工作任务的内容、作业环境和条件、劳动强度、工作责任和能力素质等具有明显的差别，在明确了这些人员的工作性质和特点之后，才能保证所设计的绩效考核体系具有针对性和可行性。

在对考核者和被考核者以及考核方法做出明确定位之后，需要根据考核方法及其对象的特点，进行绩效考核指标和标准体系的设计。

根据绩效考核的内容，应正确选择考核方法。目前，适合于企业不同类别岗位人员的考核方法已达几十种。这些方法各具特色，具有不同的特点和适用范围，为绩效考核提供丰富选择的同时，也给人们的选择带来了困难。为了保证考核方法的科学有效，在选择确定具体的绩效考核方法时，应当充分考虑三个重要的因素：管理成本、实用性和适用性。

（二）实施阶段

作为企业绩效管理的领导者和考核者，在实施阶段应当注意两个问题：一是通过提高员工的工作绩效增强核心竞争力，对于达不到标准的员工，要帮助他们改进工作，迎头赶上先进者；二是收集数据并注意数据的积累，以便为下一阶段的考核工作提供准确和可靠的数据资料。

在绩效考核阶段，如何保证并提高考核的精度是一个极为重要的关键问题。准确的绩效考核结果有利于人事决策的科学性，能有效地激励员工、鼓舞士气；不准确的绩效考核，不但会造成决策上的失误，严重挫伤员工的积极性，还会引起员工流失，给企业正常的生产活动带来极为不利的影响。

在确保绩效考核准确性的同时，还应当重视考核的公正公平性。带有偏见、缺乏公正公平性的考核，可能会在员工中滋生不良的思想情绪，不仅贻害组织和主管人员的管理活动，还会对以后的绩效管理活动产生干扰和破坏。为了保证考核的公正公平性，企业人力资源管理部门应当确立两个保障系统，即公司员工申诉系统和公司员工绩效评审系统。前一个系统的主要功能是允许员工对绩效考核结果提出异议，同时给考核者一定的约束和压力，使他们慎重从事，在考核中更加重视数据的采集和证据的获取；后一个系统有助于减少矛盾和冲突，防患于未然，将不利影响控制在最小范围内。

（三）反馈阶段

绩效反馈的主要目的是改进和提高绩效，被考核者应当知道自己在过去的工作中取得了何种进步，在哪些方面还存在不足，有待在今后的工作中加以改进提高。人们常说"知人者智，自知者明"，但人们往往不自知，对自己的短处、劣势或不足看得过轻，或者根本看不清楚。在面谈反馈时，应当以表扬为主，但是不能没有一些必要的批评，特别是对那些不够自觉的下属。

采用灵活适用的因人而异的信息回馈方式，对每个考核者来说都是一门学问和艺术。一个成功的管理者应当学会并掌握绩效面谈反馈的技术和技巧。

第二节　人力资源考核的问题讨论

一、人力资源考核的相关案例

我们先来看看两个案例。

案例一：某公司的年终绩效考核

某公司又到了年终绩效考核的时候，从主管到员工，每个人都忐忑不安。

公司采用强迫分布式的末位淘汰法，即根据员工的表现，将每个部门的员工划分为 A、B、C、D、E 五个等级，分别占 10%、20%、40%、20%、10%，如果员工有一次被排在最后一级，则该职工工资降一级；如果有两次排在最后一级，则该职工下岗进行培训，培训后根据考查的结果再决定是否上岗；如果上岗后考核再被排到最后一级，则被淘汰，培训期间只领取基本生活费。主管人员与员工对这种绩效考核方法都很有意见，但又都不敢吱声。

公司主管更是每年都为此煞费苦心，该部门是职能部门，大家都没有出什么错，工作完成得都很好，把谁评为 E 档都不合适。去年，小田因家里有事，请了几天假，还有几次迟到，但也没耽误工作。主管没办法只好把小田报上去了。为此，小田到现在还耿耿于怀。今年又该把谁报上去呢？

讨论思考题：

1. 请问财务部是否适合采用硬性分配法进行绩效考核？为什么？

2. 如果重新设计该公司财务部门的绩效考核方案，你认为应该注意哪些问题？

案例二：天宏公司的绩效管理

天宏公司总部会议室里，赵总经理正认真听取关于上年度公司绩效考核执行情况的汇报，其中有两项决策让他左右为难：一个是成绩排序，成绩排在最后的几名却是公司干活最多的人。这些人是否按照原先的考核方案降职或降薪？下次的考核方案如何调整才能更加有效？另一个是人力资源部提出上线一套人力资源管理软件来提高统计工作效率的建议，但一套软件能否真正起到提高绩效的效果呢？

天宏公司成立仅 4 年，为了更好地进行各级人员的评价和激励，在引入市场化用人机制的同时，建立了一套绩效管理制度。对于这套制度，用人力资源部经理的话说是细化了传统的德、能、勤、绩几项指标，同时突出了工作业绩权重。其设计的重点是将德、能、勤、绩几个方面的内容细化为 10 项指标，并把每个指标都量化出 5 个等级，同时定性描述了等级定义。考核时，只需将被考核人的实际行为与描述相对应，就可按照对应成绩累计相加得出考核成绩。

但考核时却发生了一个奇怪的现象：原先工作比较出色和积极的职工考核成绩却常常排在多数人后面，一些工作业绩并不出色的人却排在前面。一些管理干部对考核结果大排队的方法并不理解，产生抵触情绪。但是综合各方面情况，目前的绩效考核还是取得了一定的成果，各部门都能够很好地完成各自的任务。唯一需要确定的是：对于考核排序在最后的人员如何落实处罚措施？另外，对于这些人降职和降薪无疑会伤害一批像他们一样认真工作的人，但是不落实又容易破坏考核制度的严肃性和连续性。还有一个问题是，在本次考核中，统计成绩的工具比较原始，统计工作量太大，人力资源部只有 3 个人，却要统计总部 200 多人的考核成绩，平均每个人有 14 份表格。统计、计算、平均、排序发布，最后还要和这些人分别谈话，在整个考核的一个半月中，人力资源部几乎都在做这件事，其他事情都耽搁了。

赵总经理决定亲自请车辆设备部、财务部和工程部的负责人到办公室，深入了解实际情况。

车辆设备部李经理和财务部王经理来到了总经理办公室。李经理快人快语，首先说："我认为本次考核方案需要尽快调整，因为它不能真实反映我们的实际工作，例如我们车辆设备部主要负责公司电力机车设备的维护管理工作，总共只有 20 个人，却管理着公司近 60 台电力机车，为了确保它们安全无故障地行驶在 600 千米铁路线上，我们主要的工作就是按计划到基层各个点上检查和抽查设备维护的情况，不能有一次违规和失误，因为任何一次失误都会造成重大损失。但是在考核业绩的设计中有允许出现'工作业绩差'的情况，而我们的考核就是合格和不合格之说，不存在分多少等级。"

财务部王经理紧接着说道："对于我们财务部门，工作基本上都是按照规范和标准来完成的，平常填报表和记账等都要求万无一失，这些如何体现出'创新'的最好一级标准？如果我们没有这项标准，我们是按照最高成绩打分还是按照最低成绩打分？还有一个问题，就是在本次考核中沿用了传统的民主评议的方式，我对部门内部人员评估没有意见，但是让其他部门人员打分是否恰当？因为我们财务工作经常得罪人，让被得罪的人评估我们财务，这样公正吗？"

讨论思考题：

（1）天宏公司考核中的问题到底在哪里？

（2）考核指标体系如何设计才能适应不同性质岗位的要求？

（3）公司是否应该同意人力资源管理部门购买软件？目前能否有一个最有效的方法解决存在的问题？

通过对以上案例的阅读，我们发现，问题多出在对人力资源考核体系认识不够全面，需要针对此问题进行认真讨论。

二、人力资源考核存在的问题

（一）对人力资源考核体系的认识还不够正确

当前，不少人对于绩效考核的认知存在偏差，认为绩效管理就是对员工在过去一段时间的工作表现进行评价打分，并依据打分的结果，实行奖惩。坦白来讲，即将绩效考核看作了优奖劣罚的行政手段。如果这样来认识考核，那么将极容易使考核走向歧途，产生种种问题。

人力资源考核是人力资源管理一个必不可少的环节。其目的是，通过对员工业绩的评价，使之认清自己对组织的贡献大小，知识、能力的长处与不足，明确今后的努力和改进方向，进一步提升工作水平。简而言之，绩效考核不仅使每个员工得到发展，而且使组织也得到发展，是一件双赢的好事。

（二）指标设计的指导思想还不够明确

1.选择和确定什么样的绩效考核指标是绩效管理中的一个重要问题，同时也是比较难解决的问题

绩效指标中有一部分应该是与其工作产出直接相关的，也就是直接对其工

作结果的评价。国外有的管理学家将这部分绩效称为任务绩效；另一部分绩效指标是对工作结果造成影响的因素，但并不是以结果的形式表现出来的，一般是工作过程中的一些表现，通常被称为行为绩效。对任务绩效通常可以用质量、数量、时效、成本、他人的反应等指标来进行评价，对行为绩效通常采用行为性的描述来进行评价。这样就使绩效考核的指标形成了一套体系。

2. 绩效考核周期的设置要合理

考核的周期就是指多长时间进行一次考核。多数企业是一年进行一次评价，也有一些企业一个季度或者半年进行一次，还有一些企业一个月进行一次。

对于任务绩效的指标，根据经验，大多数职能管理人员可以采取半年或一年考核一次的做法。而对于一些带有生产性质的人员，则可以缩短考核周期，以便及时对他们的工作进行认可。考核周期较短的好处是：一方面，在较短时间内，对工作产出有较清晰的记录，如果等到年底再进行，恐怕就只能凭借主观的感觉；另一方面，有利于对工作中存在的问题及时改进。

3. 建立以绩效为导向的企业文化

企业的存在就是为了创造价值，满足社会大众的需要。所以，企业里的每个人都要以创造价值为荣。个人的价值如何体现？必须通过实实在在的绩效。良好的企业文化，既包括绩效考核制度要能够带动员工树立与企业价值观一致的目标，也包括必须为员工营造一种鼓励积极上进的工作氛围。

（三）考核标准的设计尚缺乏科学性

在一些组织中，还存在绩效考核标准不清晰、不齐全、以主观代替客观等现象。不难想象，使用不完善甚至不相关的标准对员工进行考核时，得到的结果也必然是不客观不公正的，其结果也不会得到被考核者的认同。

有的企业在进行绩效考核时，只是做单向的考核，即上司对下属的审查式考核。如果考核者与被考核者曾有过私人利益、感情冲突，那么，非客观因素势必将影响考核结果，产生偏差。

有些企业不愿意将考核的结果反馈给被考核者，搞"暗箱"操作，使被考核者无所适从，不知自己哪些方面的工作表现需要改进、哪些方面需要加强。究其原因，一是考核时仅凭长官意志，不依据客观事实，担心结果反馈引起下属反感；二是考核者不了解绩效考核的意义，企业没有良好的沟通习惯和民主氛围。

有的考核指标设计缺乏科学性，如定性指标过多，必然会加大主观随意性。在考核等级划分上，虽然存在"优秀""称职""基本称职"及"不称职"四个档次，但是在该类等级的划分时，缺乏具体的量化标准，使等级划分难以裁定，"不称职"这一等级几乎形同虚设。

（四）对绩效考核数据缺乏深度分析

在人力资源专业化的提升过程当中，数据分析扮演着至关重要的角色，它使得人力资源管理的理念、技术及技巧更加科学化。

目前，绝大多数组织无论是人员的招聘还是绩效管理都缺乏数据概念，缺乏对数据的有效处理和运用。若是将数据资源有效运用和挖掘，构建起数据模型，将会对人力资源管理，特别是绩效考核产生质的提升。

过去，由于缺少数据搜集的工具，人力资源管理部门只能依靠人事档案里的有限文字记录获得一些对人的认知。现在则不然，我们已经可以凭借计算机、各类网站、社交平台获得大量数据，如果人力资源管理部门掌握了科学的数据分析方法，能够凭借多维数据，对相关人员进行绩效分析，就可以得出更为深刻的认识，从而得出更加准确的结论，使组织个人与组织整体都得到发展。

第三节 大数据改进人力资源考核

随着大数据时代的到来，组织的人力资源考核体系应根据组织自身发展目标和步骤，以战略目标为导向，构建数据化、智能化的考核操作体系，使组织人力资源考核呈现出新的面貌。

一、大数据与人力资源考核变革

用大数据变革人力资源考核，就要特别关注岗位数据和员工参与。

在以往的考核中，考核者大多依赖有限的文字记录对被考核人进行主观评价，进而确定等级化的考核结果。例如，通过记录员工的出勤率、工作成果与积极程度等基础数据（当然也包括故障率、任务完成率等数据）来确定员工对企业的贡献。

然而，在大数据时代，想要在考核中做到客观公正，消除员工的机会主义行为，人力资源管理部门必须改变原有的考核方式，建立以大数据为依托的人员考核和胜任力分析工具。

在绩效考核指标的设计中，首先必须进行岗位分析。为此，组织要充分利用现代科学技术和相关平台，全面收集和深入挖掘岗位相关数据，建立以数据为依托的绩效考核指标体系，进而设计员工考核的分析工具，使其不仅可以客观肯定员工对组织的贡献，还可以对员工未来工作的改进提供量化指导。

此外，还可以在企业内部建立信息共享和互动平台，如微信、微博、贴吧等，让员工对绩效考核指标的筛选、内容的确定、实施的流程等一系列问题各抒己见，倡导互动讨论。由此一来，人力资源部就可以利用平台所产生的大量数据客观地确定绩效管理的方案，明确员工最关心的问题和最希望解决的途径等。

利用这样的互动平台，员工就间接参与了绩效考核政策的制定，还可以对组织的领导及其他人员的绩效进行考核，有助于推动组织管理和绩效考核的透明化。不仅领导明白员工的绩效，员工也可以对领导的工作加以监督。员工与员工之间的信息也可以共享互通。让员工参与到全部考核过程中来，更能使其感受到企业对他的重视，进而调动其工作热情，提升对企业的忠诚度。

大数据技术能够对人力资源绩效考核方法进行改进，通过收集与被评价者有关的结构复杂的数据，组织可以设计出更为人性化、可信度高的评价指标。

运用可视化数据分析技术，如标签云、历史流、空间信息流等构建图形化、流程化分析结果，有利于人力资源管理部门更客观地评价和甄选人才。

人力资源管理决策是最需要大数据支撑的部分。它既能够把握当前实时动态，又能够对未来一段时间内的发展做出趋势性分析。传统的领导决策支持更加依赖各类人事统计报表，现在则可以利用商业智能工具，实现对人力资源数据的深入分析挖掘。

随着大数据技术的发展，通过汇聚更多的有效数据，加强对其中岗位、人员、业务等全面的关联性分析，组织的人力、人才决策将变得更加有数可考、有据可凭。

二、建立人力资源考核大数据系统

基于大数据的绩效管理是一项系统性很强的工程。企业可以通过配备大数据化的系统管理软件，对员工进行在线考核，通过系统实时收录的员工工作情况及相关成果对员工进行考核；同时，员工也可以通过系统展示和介绍自己的工作成果。

作为重要的人力资源管理的职能之一，绩效管理的大数据化，有利于考核环节的方便快捷实现，增强员工对绩效考核的认同和对企业的黏合度，企业可以根据大数据化绩效考核软件，提高考核的水平和效率。

大数据时代的来临，加快了绩效管理信息化时代的脚步。然而，企业在面对繁杂、庞大的数据信息时，如何做到价值最大化，为企业绩效管理系统服务，就需要一套战略管理体系，在企业战略管理体系的框架支撑下，数据才能使管理系统如虎添翼，引领企业飞速发展。

在企业管理信息化的今天，企业希望在管理中通过数据来观看、评估员工的工作动态及绩效考核。如此一来，数据整合和可用性方面的新挑战也随之出现。那么，企业如何建设一套以企业战略管理为根据的系统构架来实现数据信息的整合和价值最大化呢？

数据信息能否被有效利用，取决于战略管理系统的体系设计。大量的数据信息在全面、有序的企业战略管理框架中被归类、识别，并通过战略管理系统中的分析工具被分析、重置，再通过辅助保障系统将分析后的数据信息按流程、组织，系统地输送给终端，从而形成一整套企业战略管理信息化系统，以便于高效运用数据，真正实现数据可用性。

从管理信息化落地执行的角度看，人力资源考核系统要能够帮助企业管理信息化高效实现；否则，再好的战略落不了地，也不能产生很好的效果，更谈不上发展。

三、加强对人力资源考核数据的分析

人力资源管理的数据分析有三个层面。一是基本信息分析，这是一项基础工作，是人事管理和处理信息的主要方法，如建立员工信息档案、员工考勤记录、加班记录等。二是人力资源管理各职能模块的内外部信息分析。它决定人力资源管理各项职能模块运作的健康程度。其中包括人工成本分析、薪酬福利、外部竞争性和内部公平性分析、绩效考核结果分析、培训需求及效果分析等。三是人力资本计量分析。这是一个相对更有深度的核算分析方法，真正体现了人力资本的概念。它能够客观地评估人力资本的投入与产出，让人力资本管理真正体现为企业增值。

随着经济的发展和企业竞争的加剧，人力资源绩效考核作为人力资源管理的中心环节，面临着新的挑战。为全面分析人力资源绩效考核的整个过程，要构建科学合理的考核体系并确定各项指标的权重，对考核数据进行综合分析。在确定各考核指标权重时，可以引入群决策方法和聚类分析原理；在综合分析考核数据时，可以运用模糊评判方法。大数据技术还能从某些大型人力资源数据库中找到隐藏在其中的相关信息，帮助决策人员找到数据间潜在的联系，从而有效进行人力资源开发配置，使企业的人力资源绩效管理更灵活、更高效。

第十章 大数据背景下人力资源管理创新应注意的问题

大数据背景下，移动互联网、社交媒体带给我们丰富的数据资源，日臻精确的数据挖掘和分析技术则提供给我们更多处理问题的途径和方式，这一切都为企业人力资源管理创新提供了诸多突破口。但与此同时，围绕大数据带来的一系列问题也不容忽视。本章从个人信息保护、数字鸿沟等几个方面提出大数据背景下企业人力资源管理创新中应注意的问题。

第一节 个人信息的保护

一、个人信息保护面临的挑战

数据的获取与利用从网络时代对个人信息的精确收集转向基于大数据样本中数据挖掘产生相关个人信息的关联集成，这已颠覆了过去隐私保护以个人为中心的思想：数据收集者必须告知个人，他们收集了那些数据做何用途，也必须在收集前征得个人同意，即"告知与许可"规则。而在大数据时代，却是一种新的对分散的相关个人信息的"二次利用或开发"，有的数据从表面上看并不是个人数据，但是经由大数据处理之后就可以追溯到个人了。个人信息一旦被以数据化形式储存，便掌握在数据库中，个人实际上很难进行保护。因此，"立法"等合法途径对个人数据信息进行随时监督和检视，这是大数据时代给个人信息保护带来的巨大挑战。

企业人力资源管理部在搜集员工相关信息时，也极容易面临侵犯员工隐私的法律风险。目前很多公司都在员工的个人办公电脑上安装了监控，可以将员工浏览网页、在公司内部社交网络（BBS、论坛、SNS社区等）上发表言论、在云沟通平台上聊天以及邮件来往等过程中所产生的各种各样的信息都记录下来，并结合公司管理信息系统的员工信息等进行整合、分析、挖掘和利用。这一方面有助于我们更好地了解员工需求，为制定人力资源决策提供依据；但另一方面，数据的可接近性并不意味着数据使用合乎伦理道德。在对员工行为数据进行挖掘和分析的同时不可避免地威胁到他们的个人隐私。网络隐私权与传统隐私权的不同之处在于网络隐私权更注重个人数据的利用与控制，不再局限于隐私保护的简单行为。网络隐私侵权行为多种多样，包括非法收集、传播、使用个人信息以及非法监控、侵入私人网络领域等。以往人们认为网络的匿名化可以避免个人信息的泄露，然而在大数据时代，数据的交叉检验会使匿名化失效，社交网站普遍推行的实名制也增加了个人隐私保护的难度。

二、强化个人信息保护的重要意义

大数据有利于整合与共享管理信息，不论是企业还是个人，都会因大数据的爆发受益匪浅。企业可以借助数据存储、统计、分析等为自身带来更多利益。个人也会享受更方便、更迅捷、更个性化的服务。然而，大数据在带来机遇和效益的同时，也带来更多安全问题。大数据时代个人信息主动或被动地被采集，往往被采集者用于经营的目的，无论个人信息所有者在其个人信息被实施采集行为前是知情还是不知情，个人信息都会面临"处理"过程中的种种危险。有专家认为大数据在成为竞争新焦点的同时，也带来了更多的安全风险，大数据成为网络攻击的显著目标，大数据加大了隐私泄露风险，大数据威胁现有的存储和安防措施，大数据技术成为黑客的攻击手段，大数据成为高级可持续攻击的载体，这对大数据时代个人信息的安全提出了更严峻的挑战。

企业使用大数据技术能够收集到员工的各类信息，包含一些与员工工作无关的信息，如私人社交、情感发泄、生活琐事等。这些与工作无关的数据在收集时并不具有目的性，但随着技术的快速进步，这些数据可能最终被开发出新的用途。例如，对员工未来的行为表现进行预测，这既违反管理伦理，也缺乏组织公正。如果员工感到自己的生活被监视了，甚至于他们可能因为所谓的大数据预测而为自己并未发生的行为买单，这很容易激起员工的自我保护本能。他们一则会抗议这种监测技术，使企业面临法律纠纷；二则不愿意再通过网络表达自己的真实感情，这会使大数据在某种程度上失去价值。此外，如果公司的信息管理系统被攻破，将造成公司员工数据的泄露，给员工的生活造成困扰，甚至引发员工生命财产的安全。因此，企业若要基于大数据做人事分析，必须了解相关法律法规、行业规则，合法合理地收集员工的信息。对所获取的员工个人信息，企业必须引进信息保护技术以保障员工的信息安全，防止信息泄露，才有可能使基于大数据的人力资源管理获得较好的应用与发展。

三、个人信息保护的措施

对个人信息的保护，最基本的还是国家要有完善的法律法规作为保障。国家应该从法律上完善个人隐私保护制度，改变隐私保护模式，让数据使用者为其行为承担责任。尽快出台个人信息保护法，涉及个人信息保护的多个部门要积极推动立法，或者设立专门机构推动立法，规范并协调其他相关法律法规的执行，构建个人信息安全的全面保护。除此之外，国家还应设立专门的行政监管机构，建立严格的监管制度，以保障企业对存储于云端的个人信息进行商业化利用合法性。

大数据时代，技术手段是法律措施的重要补充，个人信息的安全和保护应强化技术的作用，主要表现在以下几个方面：第一，加大资金投入。国家和企业加大对大数据安全保障关键技术研发的资金投入，提高研发环节资金投入比例，或设立专项资金用于研发。积极鼓励个人信息安全技术的研发和创新，从技术层面来保障信息安全，提高我国大数据安全技术产品水平，抢占发展基于大数据的安全技术的先机。第二，提高技术手段。大数据时代，大量的用户个人信息通过计算机网络进行存储和传输，要堵住人为漏洞和技术本身的漏洞，最好的方法是技术手段。要加强新产品、新技术的研发应用推广，不断完善信息系统安全设备诸如防火墙、入侵检测系统、防病毒系统、认证系统等的性能，采取访问过载、动态密码保护、登录 IP 限制、网络攻击追踪方法的技术手段，强化应用数据的存取和审计功能，确保系统中的用户个人信息得到更加稳妥的安全技术防护。第三，加强技术规范。对那些重要和关键的数据信息进行加密保护，只有通过身份授权或解密才能进行访问和查看。同时，规定多人管理重要和关键信息的制度，限制个人信息掌握者的权限，不能由一个人掌握全部信息，使每个层级的相关人员只能掌握相应的有限信息。

总之，大数据环境下个人数据应用的隐私保护是一个复杂的社会问题，不仅涉及道德、法律、行业、技术等诸多领域，也涉及大量的个人、群体、企业和机构。人力资源管理者应该熟悉本国保护网络隐私权的法律法规，及时关注行业指导与自律规则。在此基础上所进行的人力资源管理，有助于避免企业陷入侵犯员工隐私的困境，保障企业和个人的共同利益。隐私权保护同时也是企业与客户、合作伙伴、员工以及其他利益相关者之间建立信任关系的基础。企业必须与用户进行充分沟通，让他们了解自己的信息将如何被使用，并制定出符合隐私保护的数据政策和法律法规的企业使用数据的相关规定，使员工的个人信息得到规范的保护。

第二节　数字鸿沟

数字鸿沟是一种"技术鸿沟"，即先进技术的成果不能为人们公平分享，于是造成"富者越富，穷者越穷"的情况。"数字鸿沟"的本质是指以国际互联网为代表的新兴信息通信技术在普及和应用方面的不平衡现象，这种不平衡不仅体现在不同地理区域、不同人类发展水平的国家之间、不同经济发展水平的国家之间，同时也体现在一个国家内不同地区、不同人群之间。大数据背景下，除了衣食住行、医疗、教育、安全等基本品外，信息也应该被视为基本品。因此要求信息的公正分配，以及对信息技术及信息的普遍可获得。信息通信技术是目前企业提升竞争力的重要手段。然而在网络使用不断普及的同时，信息贫富之间的差距却在加剧。在信息"富有者"和"贫困者"之间形成的数字鸿沟愈演愈烈。数字鸿沟造成了对弱势群体的歧视，形成了一种新的社会不公正。不同企业的技术可及水平不同，势必会影响到企业对数据的收集和应用。

第三节　人力资源管理者的角色变换

大数据的收集、分析和处理需要专业的数据分析人才，而多数人力资源管理者在开发、利用大数据领域的应用能力仍显薄弱。人力资源管理部门应及时设立专门的进行数据分析处理的岗位，或成立由数据挖掘工程师、心理学家、人力资源管理专家组成的数据分析小组，负责建立起人力资源信息系统，实现各种人力资源业务的规律性、规范性以及数据化的管理。这个信息管理系统包含静态的数据、业务处理过程中的数据以及整合的人力资源信息数据。不同层面的人员均可以通过该系统获取自己所需要的各类数据，得到不同的分析处理结果，如人才供应链、能力培养与开发、绩效评价、员工关系等都可以从系统中提取数据，进而实现高效、协同的业务处理；同时可以将下属单位关联到系统中，形成企业完整、全面的人力资源管控模式。人力资源管理者要在日常管理中注重数据积累和整理，认真检视自己现有的数据资源和分析能力，尝试先从内部某个领域开始运用数据，特别是要从能为业务提供最高价值的领域开始，逐步筹划建设自己的数据库系统。具体说来，人力资源管理者的角色应进行以下转变：

一、数据维护者

大数据背景下无论是个人数据还是公司数据都更加容易被他人获得，因为数据泄露会置组织于尴尬境地，也会严重干扰他人的生活。因此，信息安全成为前提，人力资源管理者必须承担起数据维护者的角色，例如，在招聘时肩负储存和保护他们从社交网站所获得的候选人信息的职责。那么信息安全到底如何保证？数据挖掘公司是否能胜任管理企业员工社交网站信息的职责？如果是，企业愿意提供给数据挖掘公司什么样的信息？人力资源管理者应认真思考这些技术和隐私问题，并制订出解决方案。

今天，组织的人力资源管理不断重申一个理念："每一个管理者都是人力资源工作者"。这一理念之所以被反复强调，是因为今天的组织中"事"与"人"早已界限模糊，所有的管理者都应该承担人力资源开发和管理的职责。这就要求人力资源管理者扮演企业高层和各部门主管的战略伙伴角色（HRBP），工作性质由常规性向建设性转变，由以前的降低成本为中心向创造价值转变。例如，高潜力人才的挖掘和培养、管理者的测评与赋能，协助企业推动变革，改变管理者的思维模式，建设符合企业变革要求的文化等。在参与企业战略的过程中，人力资源管理者受到自身限制，不可能成为具体的业务操作者，但可以通过影响他人的行为、信念，达成目标的实现。这就是人力资源业务伙伴的意义所在。

基于 HRBP 的人力资源管理以企业经营和运作为基础，以业务部门具体需要为核心，以为企业创造价值为根本目的。业务伙伴型的人力资源管理在我国企业处于起步阶段，目前国外一些大型企业将人力资源部划分为三个部分，即人力资源业务伙伴（HRBP），人力资源专家和人力资源服务中心。各部分分工明确，共同完成企业人力资源相关工作。HRBP 在其中扮演着桥梁和翻译的角色，将业务需要翻译成人力资源"术语"并提出解决方案，然后就专业问题与专家们讨论，得出最终的事务性、操作性工作，交由服务中心提供相关支持。因此，HRBP 不只是一种具体职位名称，更是一种定位、一种全新的人力资源管理模式和管理理念。对于中小型企业，HRBP 是广义的业务伙伴，即体现为 HR 的角色定位，HR 是懂业务知识、业务范围，为业务部门的经营决策服务的重要主体。对业务范围较广的大型企业来说，HRBP 可以是人力资源部派驻到各业务部门的合作伙伴，需要基于传统的人力资源管理部门的组织架构进行再设计才能更好地发挥价值。

二、人才盘点者

大数据时代，企业更需要凭借人才获取竞争优势，企业必须建立有效的人才选拔与培养机制。人才盘点作为人才培养的发动机，能够帮助企业识别出最优质的人才资产，确保人力资源工作的产出和成果。人才盘点是指对人力资源状况摸底调查，通过绩效管理及能力评估，盘点出员工的总体绩效状况、优势及不足之处，其目标在于塑造组织在某个方面的核心竞争力，主要做法是提前对组织发展、关键岗位的招聘、关键岗位的继任计划，以及关键人才的发展和保留做出决策。人才盘点之所以能够帮助企业培养人才，主要在于人才标准统一规范。例如，很多企业建立了领导力素质模型后，仅仅把它用于培训活动的设计上，没有用于管理者考核；或者仅仅用于考核，缺乏其他方面的配合，结果造成领导力的标准无法在公司上下统一，各部门对领导力的理解产生偏差歧义，最终的行为结果也不一致，组织很难形成合力。通过人才盘点统一人才标准后，对组织架构、人员配比、人才绩效、关键岗位的继任计划、关键人才的发展、晋升和激励计划，以及对关键部位的招聘进行深入讨论，组织可制订详细的行动计划，真正将人力资源管理与组织战略结合在一起，体现人力资源的价值和对组织的贡献。

人才盘点的起点是对组织的盘点，组织要设立未来 2~3 年的战略目标，并确立与之匹配的组织架构，设计工作岗位和分配岗位职责，实现组织与业务战略的匹配性。同时，管理者采用相同的工具、统一的标准进行人才评价，帮助企业推行统一的人才标准，形成"人才标尺"，在统一标准下发现高潜力人才，并在组织中推行开放的企业文化和建立学习型组织，为人才盘点打造良好的氛围。企业借助人才盘点识别出高潜力人才之后，还须结合组织需求和岗位特点，打造关键岗位的人才梯队，建立关键岗位人才储备库以及继任计划。同时，人才盘点的结果不能仅仅是一堆带有数据的表格，而是要转化为具体、可操作的行动计划。例如，万达学院在人才培育方面，通过管理改进、知识集中、案例汇集、项目演练等措施，对需要培育的人才对象进行知识萃取、分享和实践练习。通用电气克劳顿学习中心通过侧重行动学习法，发展管理者的领导力，传播最佳实践、激发创新、推动组织变革。

人才盘点的核心是素质评估。素质评估的方法有很多，其中结构化行为面试是指按照通用素质模型的要求询问、收集被评价人以往的工作经验和工作行为、取得的成就及职业路径等方面的信息；360°反馈法既可用于测评也可用于人员开发，使用360°反馈法不能仅以绩效为导向，而是要制定统一的评分标准，同时要重视后期的反馈与沟通工作；敬业度调查用于及时诊断组织在人才管理方面的潜在问题，找出原因并为管理决策提供依据。此外，还可运用工作行为问卷和九宫格图等方法进行人才盘点与素质评估。

总之，人才盘点能够实现组织的人力资源战略与组织战略的合理匹配，有效控制人力资源成本。对组织而言，人才盘点可以识别出高潜质的候选人，有助于制定科学合理的人才招聘、职业规划、薪酬设计、培训开发等决策；对员工而言，人才盘点可以公平公正地评价及反馈其价值，明确自身定位，主动参与个人的职业生涯规划。

三、组织变革的推进者

对企业来说，变革中最关键和最困难的是如何解决公司的人力资源问题。企业不仅要合适地、妥帖地安排老员工，更重要的是寻找关键性人才；不仅要对企业进行一系列的业务变革，更重要的是从企业的远景规划出发，重新梳理人力资源，搭建更适合的组织架构，积极支持公司变革。人力资源管理者在这个过程中必须扮演重要的推进者角色。要想扮演好这个角色，人力资源管理者面临的挑战首先是决策和沟通模式，以及员工的思维转换问题，所以人力资源管理者首先要做好和公司各个层面的沟通，尤其是尽快化解抵制变革者的对立情绪。同时，人力资源管理者还要带领和帮助企业完成平衡转变，及时强化内部的培训，协助员工适应变革发展、提高员工满意度以保证队伍的稳定性，提升整个组织的能力。人力资源管理者成为变革推进者，最好能确定一个推进变化的流程，为直线管理人员提供一整套关于管理变化技巧、系统分析技术、组织变革、人员变革的咨询和服务，成为变革的原动力，上通下达，帮助和推动整个企业实现变革。

参考文献

[1] 毛泽昀，李蕾，李钰颖，等．大数据背景下中小企业人力资源管理模式研究：以西安华丰公司为例 [J]. 中国市场，2023(4):3.

[2] 张卫华．大数据背景下事业单位人力资源绩效管理创新策略 [J]. 管理学家，2022(11).

[3] 陈国栋．大数据背景下事业单位人力资源绩效管理的改革路径 [J]. 中文科技期刊数据库（全文版）经济管理，2023(3):4.

[4] 徐辰斐．新时代背景下大数据对人力资源管理的影响 [J]. 中文科技期刊数据库（全文版）经济管理，2022(10):4.

[5] 陈昌海．大数据背景下企业人力资源绩效管理创新策略 [J]. 中文科技期刊数据库（全文版）经济管理，2022(11):3.

[6] 韩莹．大数据背景下事业单位人力资源管理模式的创新研究 [J]. 市场调查信息：综合版，2022(21):167-169.

[7] 吕真钰，原瑛．大数据背景下人力资源绩效管理创新策略 [J]. 全国流通经济，2022(21):85-88.

[8] 祝成钰．大数据背景下如何实现人力资源管理模式创新 [J]. 全国流通经济，2022(4):3.

[9] 王岑岑．大数据背景下上市公司人力资源管理的创新研究 [J]. 商情，2022(50):61-63.

[10] 张军辉．探析大数据下的国企人力资源管理创新 [J]. 现代商业，2022(14):82-84.

[11] 刘若晨. 大数据背景下的企业人力资源管理研究 [J]. 大众商务，2022(17):279-281.

[12] 罗彦. 大数据背景下人力资源管理问题研究 [J]. 市场周刊·理论版，2023(12):4.

[13] 刘敏. 大数据背景下人力资源管理浅探 [J]. 大陆桥视野，2022(12):3.

[14] 张晓燕. 大数据背景下人力资源管理的作用、限制与提升路径 [J]. 北京财贸职业学院学报，2022, 38(4):54-57.

[15] 徐国富. 大数据背景下企业人力资源管理的问题与策略 [J]. 今商圈，2023(1):4.

[16] 李岩. 大数据背景下的人力资源管理创新应用 [J]. 黑龙江人力资源和社会保障，2022(13):3.

[17] 王炜. 大数据背景下的人力资源管理创新应用 [J]. 中文科技期刊数据库 (全文版) 社会科学，2022(9):4.

[18] 张媛. 浅谈大数据背景下人力资源管理改革创新路径 [J]. 中文科技期刊数据库 (全文版) 社会科学，2022(10):3.

[19] 梁萍. 大数据背景下企业人力资源管理变革探究 [J]. 中国市场，2022(17):3.

[20] 李涛. 大数据时代企业人力资源管理模式创新研究：评《大数据背景下企业人力资源管理研究》[J]. 领导科学，2023(1):1.

[21] 李智超. 大数据背景下国企人力资源管理创新研究 [J]. 中文科技期刊数据库 (全文版) 社会科学，2023(2):3.

[22] 宋文杰，张琦. 大数据背景下企业人力资源管理内部创新研究 [J]. 企业科技与发展，2022(12):4.

[23] 张晓碧. 大数据背景下企业人力资源管理面临的挑战与对策 [J]. 产城：上半月，2022(4):3.

[24] 秦欢欢,闫云娜.大数据背景下企业人力资源管理模式创新[J].中文科技期刊数据库(全文版)社会科学,2022(7):4.

[25] 胡雯雯.大数据背景下企业人力资源管理模式的创新研究[J].老字号品牌营销,2022(12):3.

[26] 王敬斋,王晓平.大数据背景下人力资源管理专业跨境劳务课程体系改革研究:以广西民族师范学院为例[J].科技风,2022(9):124-126.